Ronald

The Enc. of the Jewish Diaspora   1957 Jerusalem
Tel Aviv

BÓŻNICE BIAŁOSTOCCZYZNY

Heartland of the Jewish Life
Synagogues and Jewish Communities
in Białystok Region

„Tu stała kiedyś bóżnica
z ptasią dzwonnicą topoli..."

Jerzy Ficowski, Egzekucja pamięci

Tomasz Wiśniewski

BÓŻNICE BIAŁOSTOCCZYZNY

Heartland of the Jewish Life Synagogues and Jewish Communities in Białystok Region

rys. Jarosław Wojtach

Białystok 1992

Projekt okładki
MORRIS SPECTOR
19 Wood Str., Hamden
CT 06517, USA

Przekład tekstów na język angielski
LUCYNA ALEKSANDROWICZ - PĘDICH

Redaktor techniczny
MAREK ŁAWNICKI

ISBN 83-900327-0-8

Dom Wydawniczy David , Białystok 1992
Wydanie pierwsze.
Skład: Biuro Usług Informatyczno-Edytorskich
BAUHAUS Białystok, ul. Świętojańska 13/1
Druk: Białostockie Zakłady Graficzne
Oprawa: Dom Słowa Polskiego

Contents (Spis treści)

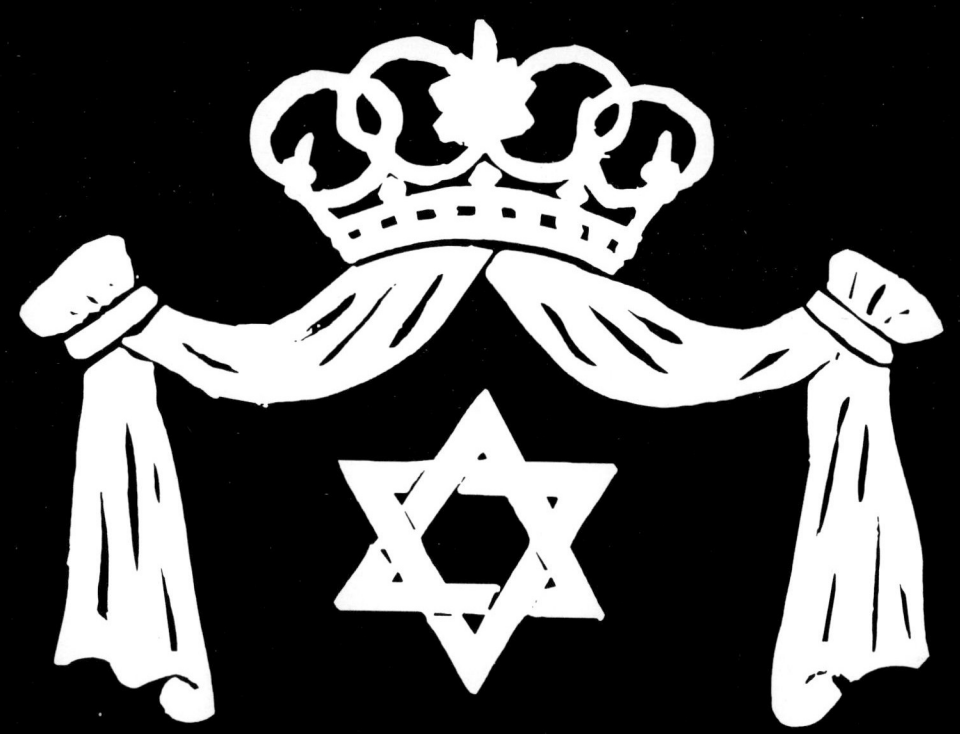

Preface
(Wprowadzenie)

The idea to investigate the vast topic of the synagogues in the Białystok region was born at the beginning of the 1980s. The main effort was to reach the materials, photographs, descriptions and reconstructions of objects little known or almost completely unknown. Polish archives were searched throughout. Some material was obtained through queries in Israel (Yad Vashem, Beth Hatefutsoth and others). A useful source turned out to be the archives of the Building Commission of the Grodno Province, stored in Grodno. To some extent, materials from YIVO Institute in New York were used. Useful information came through the author's exchange of letters with former citizens of this part of Europe, Polish Jews today living elsewhere in the world. The author would also like to acknowledge help which came from older inhabitants of the Białystok region as well as Catholic and Orthodox priests who assisted in collecting oral recollections, drawings, sketches and plans. The author would also like to thank the experts in the field of synagogue architecture, Dawid Dawidowicz and Mosze Verbin (Israel) for their helpful comments, as well as many other persons whose names could not possibly all be mentioned. The one person whose name cannot be ignored is Jarosław Wojtach, the author of all drawings. Throughout the years of cooperation he was constantly patient and full of understanding. This work would not be possible without Jarosław Wojtach, who is really its co—author.

Pomysł opracowania i opisania bóżnic Białostocczyzny narodził się na początku lat 80-tych. Zrozumiałem wówczas, że zachowane materiały ikonograficzne zarówno w kraju, jak też za granicą (Izrael, USA, ZSRR) dotyczą w przeważającej mierze obiektów znaczących i wyróżniających się swoją oryginalnością i nietypowością. Mimo, iż na terenie Białostocczyzny do 1939 r. nie brakowało bardzo interesujących bóżnic, w szczególności drewnianych, to przecież istniały także w każdej prawie osadzie bóżnice, mniej być może ciekawe, ale z pewnością zasługujące na rejestrację.

Początkowo wydawało mi się, że nie jestem w stanie stworzyć komplementarnego obrazu, ale gdy „brakowało" mi już ledwie kilku obiektów, wówczas zdwoiłem poszukiwania i dotarłem szczęśliwie, jak się zdaje, do końca. Okrutne wydaje się w tym aspekcie doświadczenie historii, które po każdej większej zawierusze przypomina historykom sztuki, architektom, malarzom, rysownikom i fotografom potrzebę pilnej rejestracji w s z y s t k i c h zabytków architektury, nawet tych, wydawałoby się mało interesujących i mniej reprezentatywnych. Dopiero kolejne pożogi uświadamiają nam, jak w gruncie rzeczy niewiele zrobiono w tej materii. Pomimo dużego wysiłku wielu ludzi związanych z rejestrowaniem i inwentaryzowaniem zabytków żydowskiej architektury przed 1939 r. (prof. Oskar Sosnowski, Szymon Zajczyk i inni), nie udało się zachować całego fotograficznego obrazu ukazującego architekturę bóżnic Białostocczyzny. Bóżnice drewniane w Zabłudowie, Sidrze, Janowie Sokólskim, czy Suchowoli oraz murowane w Tykocinie czy Orli zostały zarejestrowane z uwagi na ich oryginalny charakter, ale cóż powiedzieć o obiektach z k i l k u d z i e s i ę c i u innych ośrodków?

W gruncie rzeczy główny wysiłek polegał na dotarciu do materiałów, zdjęć, opisów, rekonstrukcji bóżnic i informacji o lokalizacji tych obiektów. Takich materiałów okazała się znikoma ilość. Do kilku prezentacji nieznanych mi wcześniej bóżnic, np. w Gródku, Dąbrowie Białostockiej, Bielsku Podlaskim, Krynkach czy Supraślu dotarłem, posiłkując się wydanymi głównie w Izraelu (lub przygotowywanymi do wydania: Wasilków, Supraśl) Księgami Pamięci poszczególnych gmin żydowskich. Kwerenda przeprowadzona w Izraelu (IX — XII 1988) przyniosła niewielkie ilościowo, ale istotne rozszerzenie obrazu architektury sakralnej Żydów Białostocczyzny. Należy w tym miejscu krytycznie ocenić opis zasobów ikonograficznych Archiwum Yad Vashem w Jerozolimie, który zawiera niestety wiele pomyłek, nieścisłości i ewidentnych błędów.

Kolejnym ważnym źródłem okazały się archiwalia Komisji Budowlanej Guberni Grodzieńskiej przechowywane w Archiwum w Grodnie. Dotrzeć do tych materiałów udało mi się dzięki uprzejmości i aktywnej pomocy dr. Igora Trusowa, który właściwie przeprowadził za mnie stosowne kwerendy. Zespół Komisji Budowlanej zawiera m.in. projekty budowy wielu bóźnic Guberni Grodzieńskiej, a zatem z terenów Białostocczyzny. Część z tych projektów została zrealizowana i to stanowiło główną podstawę do ich prezentacji w warstwie ilustracyjnej. Niestety nie udało mi się skorzystać z zespołów Archiwalnych Centralnego Archiwum Państwowego w Wilnie (Zespół 567).

Nadal jednak pozostawała grupa bóźnic — dość pokaźna — do których przedstawień nie mogłem dotrzeć. Pomocni okazali się liczni korespondenci, byli mieszkańcy tych ziem, Żydzi polscy rozsiani obecnie po całym świecie. W ten sposób dotarłem do zdjęć i rekonstrukcji drewnianych bóźnic w Wasilkowie, Korycinie czy Michałowie. Niestety wielu z byłych mieszkańców-Żydów Białostocczyzny zmarło, a kolejne pokolenia nie wykazywały zainteresowania starymi zdjęciami i dokumentami. W rezultacie zdobycie takich materiałów okazywało się w konsekwencji niemożliwe. W przypadku gdy uzyskam nowe, nieznane materiały, z pewnością zamieszczę je jako suplement w II tomie tej pracy dotyczącym tylko bóźnic w Białymstoku.

Niezwykle wdzięczny jestem wielu starszym mieszkańcom Białostocczyzny, a także księżom szeregu parafii katolickich i prawosławnych, którzy dzięki własnym zabiegom i staraniom pomogli zebrać stosowne relacje, rysunki, szkice i plany. Nie sposób wymienić tej rzeszy ludzi. Nazwiska podaję przy omówieniu poszczególnych haseł gmin żydowskich.

Dlaczego tak się stało, iż nie zdołaliśmy zarejestrować wyglądu wielu bóźnic? Już w 1907 r. pisał Z. Gloger, że chociaż prawie we wszystkich miasteczkach i osadach dawnej Rzeczypospolitej istniały drewniane bóźnice mniej lub bardziej interesujące „archeologowie i badacze przeszłości, ani malarze zabytków tych nie fotografowali ani rysowali...". A cóż powiedzieć o bóźnicach zupełnie nie wyróżniających się lub chasydzkich domach modlitwy?

Mało znanym jest też fakt, iż wiele z tych obiektów sakralnych „znikło" bezpowrotnie z naszej świadomości i wyobraźni z uwagi na przepisy religijne, osobliwie interpretowane, które wzbraniały fotografowania tych obiektów, a w szczególności ich wnętrz. Stąd jedynie przypadek sprawia, iż znalazły się one w całości, częściej fragmentarycznie w tle grupki Żydów, czy górując „przypadkowo" ponad dachami innych domostw w kadrze filmowym. Warto także pamiętać, że większość fotografów — a na ich zbiory liczyłem początkowo najbardziej — z owych mniejszych osad i miasteczek, to Żydzi najczęściej zaasymilowani i „nowocześni" (aparat fotograficzny był tu swoistym rekwizytem). Byli oni przeważnie niewierzący lub też niepraktykujący, mało interesowali się życiem religijnym gminy żydowskiej, a tym bardziej bóżnicami, omijając je z daleka. Mało kto wykonywał zdjęcia bóżnicy, a już prawie nigdy tej małej, lub też mało oryginalnej w swym kształcie. Stąd znani fotografowie żydowscy, jak J. Rotsztejn z Suwałk, czy J. Sołowiejczyk i J. Rendel z Białegostoku nie wykonali prawdopodobnie ani jednego zdjęcia prezentującego bóżnicę, pomimo, iż w samym Białymstoku funkcjonowało ich około 60. Wyjątkiem tutaj może być Jankiel Tykocki, który sfotografował bóżnicę w Siemiatyczach, a także Szymon Zajczyk (aczkolwiek jego przypadek jest szczególny, bowiem z założenia fotografował on bóżnice). Kilka obiektów,

Sokółka. Drewniany dom modlitwy. [Jewish house of prayer].
Fot. 1963. Instytut Sztuki PAN Warszawa

a w szczególności wspaniałych wnętrz „przetrwało" dzięki fotografom niemieckim z okresu I wojny światowej. Tak się stało w przypadku zdjęcia drewnianej bóżnicy w Bielsku Podlaskim, które zawdzięczamy niemieckiemu żołnierzowi, który w 1919 r. zachwycony sfotografował jej wnętrze, czy też wspaniałych wnętrz murowanych synagog w Orli, Siemiatyczach i wielu innych, które podczas I wojny światowej sfotografował Herman Struck. Struck był znanym żydowskim grafikiem i malarzem i podczas wojny pełnił służbę w niemieckiej armii.

Brak jakichkolwiek materiałów ikonograficznych prezentujących bóżnice spowodował, że w Księgach Pamięci wydanych przez prężne ziomkostwa Żydów z Sokółki, Brańska i Dąbrowy Białostockiej, czy mniejsze z Drohiczyna i Michałowa, brak jest zdjęć bóżnic z tych miejscowości (Dąbrowa, tylko rekonstrukcja). Księgi te, niejednokrotnie obszernych rozmiarów (jak Sokółka lub Brańsk) nie ukazują ani wnętrz ani wyglądu zewnętrznego żadnej z bóżnic, mimo iż są one przeważnie bardzo bogato ilustrowane. Po skontaktowaniu się z reprezentantami różnych ziomkostw działających zarówno w Ameryce, Australii i Izraelu okazało się, że tamtejsze prywatne i państwowe archiwa nie posiadają po prostu przedstawień tych obiektów...

Podobna sytuacja miała miejsce w przypadku zawodowych czy amatorskich fotografów nie-Żydów. Koncentrowali się oni głównie na zabytkach proweniencji chrześcijańskiej, fotografując okazjonalnie, od czasu do czasu bardziej znaczące obiekty sakralne Żydów Białostocczyzny, jak synagogi w Zabłudowie, Orli lub Tykocinie. Z tych to przyczyn pozyskiwanie zdjęć i innych materiałów było niezmiernie żmudne i pracochłonne. Przez wiele lat nie można było dotrzeć do zasobów archiwalnych znajdujących się w ZSRR w archiwach w Wilnie i Grodnie. Zniechęcała też poważnie do kontynuowania poszukiwań i przeprowadzania kwerend bariera językowa: hebrajskiego, czy też żydowskiego. Udało się to przełamać dzięki pomocy Żydów Białostocczyzny mieszkających obecnie w Izraelu, Australii czy Ameryce, którzy tłumaczyli mi „korespondencyjnie" fragmenty Ksiąg Pamięci gmin żydowskich i inne interesujące mnie bezpośrednio dokumenty. Z prywatnych zbiorów udało mi się pozyskać właściwie tylko kilka zdjęć: murowanej bóżnicy w Boćkach, w Zabłudowie i fragmentaryczny obraz bóżnicy w Jasionówce.

Reasumując: największa praca, którą należało wykonać, dotyczyła obiektów mniej znaczących i interesujących (zarówno pod względem architektury jak i dokonań konstrukcyjnych czy też wystroju wnętrz), podczas gdy dotarcie do materiałów dotyczących najciekawszych bóżnic drewnianych czy murowanych nie sprawiało większej trudności.

Nie sposób nie wspomnieć o autorze wszystkich rysunków. Jarosław Wojtach wykazał przez lata naszej współpracy wiele cierpliwości i zrozumienia dla moich wymagań. Rozpoczął też w międzyczasie konsekwentne studiowanie literatury przedmiotu i historii architektury Żydów, stając się z czasem prawdziwym zawodowcem w swym fachu. Niniejsza praca nie powstałaby nigdy bez udziału p. Wojtacha, który jest jej współautorem.

Pragnąłbym w tym miejscu podziękować za cenne, fachowe porady specjalistom izraelskim z dziedziny architektury polskich bóżnic, Dawidowi Dawidowiczowi i Mosze Verbinowi. Wyrażam także podziękowanie za wskazówki i przejrzenie tekstu prof. Adamowi Dobrońskiemu (Uniwersytet Warszawski, Filia w Białymstoku), dr. hab. Anatolowi Leszczyńskiemu (Żydowski Instytut Historyczny w Warszawie), Janowi Jagielskiemu (Społeczny Komitet Opieki nad Cmentarzami i Zabytkami Kultury Żydowskiej w Polsce) oraz Antoniemu Oleksickiemu (Wojewódzki Konserwator Zabytków w Białymstoku).

Wszystkie uwagi i spostrzeżenia dotyczące tej pracy proszę kierować na adres: Tomasz Wiśniewski, 15-370 Białystok, Bema 95/99, Polska, tel. 212-46.

Introduction
(Wstęp)

The oldest evidence of the presence of Jews in the land of Poland is the record in the Czech chronicles of Kosmas in which it is mentioned that in 1097/9, after anti—Jewish hostility spread among Christians by Crusaders, a group of Jews from Prague arrived in Poland. At the turn of the 14-th and the 15-th century, the Jewish population numbered around three thousand. At the end of the 16-th century there were already about 150 thousand Jews. At that time Poland, as well as Turkey and Holland, became an asylum for Jews. In the middle of the 17-th century in Poland there were between 300—500 thousand Jews. It then became the largest, intellectually most active and lively Jewish center in the world. The Białystok region truly became „the heart of European Jewry." According to Antoni Sujkowski *(The Geography of Old Poland*, Warszawa 1921) the Grodno Province (which included large parts of the Białystok region) was then inhabited by 350 000 Jews, which gave it the highest percentage of Jewish population: 17,4%. Elsewhere the percentage of Jews in particular provinces looked as follows: Vilno Province — 13,3%, Vitebsk — 11,7%, Minsk — 16%, Mohylev — 12, 1%, Volhyn — 13,2%, Podole — 12,3%, Kiev — 12,2%, while in the Kingdom of Poland — 13,5%.

17

Najstarszym świadectwem pobytu Żydów na ziemiach polskich jest zapis znajdujący się w kronice czeskiej Kosmasa, w której wspomniano, że w latach 1097/9 r. pod wpływem wrogich nastrojów wzbudzonych wśród chrześcijan przez krzyżowców, do Polski przybyła grupa wygnanych Żydów praskich.

Pierwsze pewne wiadomości na temat osiedlania się Żydów pochodzą z następnego, dwunastego stulecia. W tym wieku na Śląsku stwierdzono już istnienie gmin żydowskich. W 1917 r. odnaleziono najstarszą macewę, nagrobek żydowski z Wrocławia datowaną na 1203 r. Prócz Śląska Żydzi osiedlali się także w Małopolsce, Wielkopolsce a nawet na Mazowszu. Posiadamy informacje na temat istnienia gmin żydowskich w Płocku (1237), Kaliszu (1264), Krakowie (1304), Sandomierzu i Poznaniu (1367).

Od II połowy XII w. wytwarzano na ziemiach polskich srebrne denary tzw. brakteaty (monety) z napisami w języku hebrajskim często zawierające w tym języku tytuły, imiona panujących i nazwę miejscowości. Stan prawny ludności żydowskiej zamieszkującej ziemie polskie usankcjonował Książę Wielkopolski Bolesław Pobożny w 1264 r. w przywileju zwanym Statutem Kaliskim (obowiązującym dla dzielnicy wielkopolskiej). Przywilej oparty był na analogicznych aktach wydanych Żydom przez władców niemieckich, węgierskich i czeskich.

Ludność żydowska, której w XI i XII wieku było w istocie niewiele, pod koniec XIV i na początku XV wieku liczyła ledwie około 3 tysiące. Gwałtowny napływ starozakonnych nastąpił od początku następnego stulecia i był wynikiem szeroko zakrojonej akcji represyjno-wysiedleńczej, skierowanej przeciw Żydom przez władców poszczególnych państw zachodnich: Hiszpanii, Francji i Niemiec. Pod koniec szesnastego stulecia liczba Żydów w Polsce wzrosła do około 150 tysięcy i Polska stała się (podobnie jak Turcja i Holandia) krajem azylu dla Żydów przepędzanych z innych części Europy. 50 lat później w połowie wieku XVII szacowano liczbę Żydów na około 300-500 tysięcy. W owym czasie skupisko żydowskie w Polsce było największe na świecie, a jednocześnie najbardziej żywotne w dziedzinie nauki i kultury umysłowej. Czas ten powszechnie zwany jest w historiografii polskiej, jak i żydowskiej „złotym wiekiem" w dziejach Żydów (XVI w. i pocz. XVII w.). W miarę korzystne, liberalne przepisy i nadawane przywileje pozwalały na względnie spokojną, niezagrożoną egzystencję.

Kleszczele. Cheder w budynku synagogi. [Cheder inside synagogue.]
Fot. 1926 (?) BBiDZ Białystok

Takich warunków osiedleńczych nie mieli Żydzi w żadnym z ówczesnych krajów europejskich.

Rozbiory Rzeczypospolitej przeprowadzone u schyłku XVIII wieku przez państwa ościenne doprowadziły do zasadniczej zmiany prawnej położenia Żydów w nowych warunkach. Był to czas, gdy połowa europejskich Żydów mieszkała na byłych ziemiach polskich.

Sytuacja społeczności żydowskiej znajdującej się na terenie poszczególnych zaborów kształtowała się w zasadniczo odmienny sposób. Niewielkie skupiska Żydów w zaborze pruskim w szybkim tempie ulegały asymilacji i były wchłaniane przez społeczeństwo. Pewne prawa posiadała ludność żydowska zaboru austriackiego. Najgorzej przedstawiała się pod tym względem sytuacja prawna i ekonomiczna Żydów zamieszkujących ziemie Królestwa Polskiego podległe administracji Rosji oraz obszary na wschodzie wcielone bezpośrednio do Imperium Rosyjskiego. Dodatkowo utrudniały sytuację Żydów w Rosji powołane na pocz. XIX w. (1835 r.) „strefy osiedlenia", które zmusiły tysiące Żydów do zmiany miejsca zamieszkania. W owym czasie z tego powodu wielkie masy żydowskie przesunęły się na zachód Imperium Rosyjskiego komplikując dodatkowo napiętą sytuację narodowościową, a także waśniąc samych Żydów mieszkających tu od stuleci.

W okresie międzywojennym Żydzi zamieszkujący obszar Białostocczyzny korzystali z szeregu przywilejów. Powstały wówczas liczne szkoły, gimnazja; organizowały się partie polityczne; rozwijał się ruch syjonistyczny, bundowski, kibucowy. Wśród młodzieży powstawały masowo związki harcerstwa Hehalutzu, Haszomer Hazair, Dror, Szmorów i wiele innych. W każdej gminie żydowskiej Białostocczyzny istniały liczne szkoły i organizacje polityczne, które wychowały liczne zastępy żydowskich aktywistów.

Białostocczyzna była też w pewnym sensie „sercem europejskiego (czytaj: światowego) żydostwa". Według danych, które podał Antoni Sujkowski w swojej pracy „Geografia ziem dawnej Polski" (Warszawa 1921, s. 243) w 1919 r. w Guberni Grodzieńskiej, a zatem na obszarze także Białostocczyzny zamieszkiwało 350 000 Żydów co dawało n a j w y ż - s z y odsetek 17,4%. Przykładowo odsetek ów kształtował się na terenie guberni: wileńskiej — 13,3%; witebskiej — 11,7%; mińskiej — 16,0%; mohylewskiej — 12,1%; wołyńskiej — 13,2%; podolskiej — 12,3%; kijowskiej — 12,2%. Królestwo Polskie legitymowało się odsetkiem 13,5% Żydów. Tak więc obszar Białostocczyzny nie bez kozery zwać możemy „sercem żydostwa europejskiego".

Białostocczyzna, była w tym ujęciu m o d e l o w y m o b s z a - r e m , gdzie w miastach żywioł żydowski niejednokrotnie przekraczał połowę mieszkańców, a i wśród samych Żydów występowały silne podziały wynikające z tradycji, obyczajowości i stopnia religijności. W tym także sensie, widząc przemiany sytuacji prawno-ekonomicznej Żydów na przestrzeni wieków, należy analizować dorobek duchowy i materialny tej kultury. Nas głównie interesować będzie dorobek materialny, a przede wszystkim obiekty kultu: bóżnice lub synagogi regionu białostockiego. To właśnie one pozwoliły przetrwać narodowi żydowskiemu setki lat. Bez tych małych i skromnych niekiedy domów modlitw nie byłoby dziś państwa Izrael.

The Meaning of the term „Białystok Region"
(Wyjaśnienie pojęcia „Białostocczyzna")

This work concerns synagogues and Jewish houses of prayer from the area of the present Białystok Region (Voivodship — „województwo"), created as a result of the administrative division in 1975. It should be stressed that the Region is somewhat artificially created and does not correspond to the historical lands of Podlasie, Mazovia and Lithuania. In the historical perspective, at the beginning of the 16th century, the time of the first group settling of the Jews, „Białostocczyzna" (the Białystok Region) should be located in the border—land between Lithuania and Korona (the Crown—Poland), as the Troki and Nowogródek Voivodships belonged to Lithuania, while the Podlaskie Voivodship belonged to Korona. The site of the future town of Białystok was exactly on the border between Poland and Lithuania. The river Biała and its tributary the Dolistówka upon which Białystok was to be located divided the area into two historical lands.

The Białystok Region during the Old Poland period was a conglomerate of lands of various traditions and really came into existence as a result of divisions after the Partitions of Poland. Within the Grodno Province, the so—called Obwód Białostocki (Białystok District) was formed, largely corresponding to the area called „Białostocczyzna" and the present Białystok Region (Województwo Białostockie).

Praca ta dotyczy synagog i żydowskich domów modlitwy z obszaru obecnego województwa białostockiego (patrz plany i mapy), powstałego w wyniku nowego podziału administracyjnego w 1975 r. Należy już na wstępie podkreślić, iż jest to obszar całkowicie sztucznie wydzielony i nie ma oparcia w niegdysiejszych historycznych krainach Podlasia, Mazowsza i Litwy.

Historycznie rzecz ujmując obszar Białostocczyzny stanowiły w okresie staropolskim ziemie położone na północ od Bugu, część ziemi mielnickiej, drohickiej i fragment ziemi bielskiej sięgający na północ aż do rejonów Augustowa, czyli ziemie stanowiące dawne województwo podlaskie. Województwo to utworzono w latach 1516-1520 , a w 1569 r. weszło w skład Korony. Białostocczyzna — to w tym ujęciu także zachodnie połacie dawnego województwa trockiego i nowogródzkiego.

Można zatem stwierdzić, iż na początku szesnastego stulecia Białostocczyznę umownie należy lokować na styku Litwy i Korony, bowiem województwo trockie i nowogródzkie należało do Litwy, zaś województwo podlaskie do Korony. Nieistniejący wówczas Białystok lokowany był później dokładnie na granicy Litwy i Korony, a przepływająca przezeń rzeka Biała oraz jej dopływ Dolistówka dzieliły miasto na dwie historyczne krainy.

Jak słusznie pisał Stanisław Alexandrowicz: *„Przejściowy charakter tego obszaru, kolonizowanego przez element etniczny mazowiecki z jednej, a ruski z drugiej strony znalazł odbicie również w rozwoju miast..."*. Już w XVI wieku możemy mówić o skupiskach żydowskich na tych ziemiach, a to w Tykocinie, Drohiczynie, Bielsku Podlaskim, Nowym Dworze, Surażu, Narwi, Boćkach, Kleszczelach,

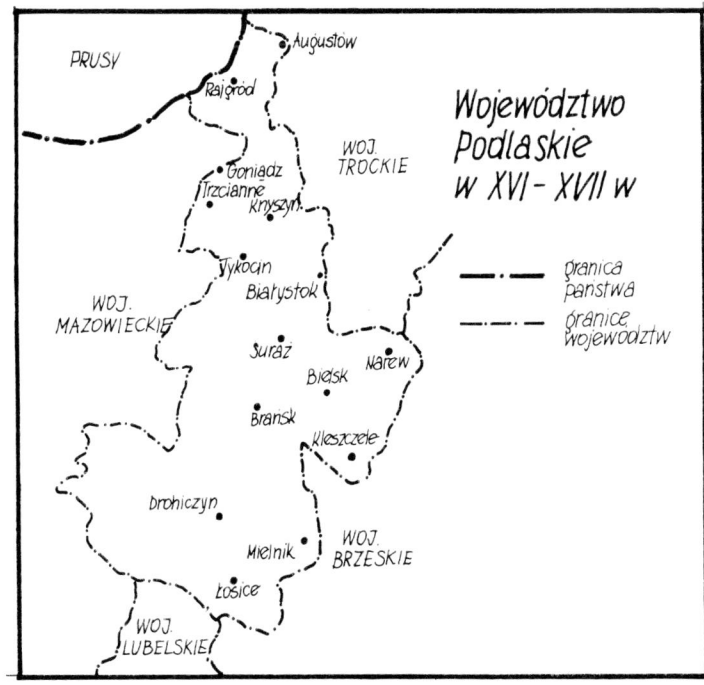

Polska po rozbiorach
1815 - 1914

Morze
Bałtyckie

ZABÓR ROSYJSKI

Witebsk

Smoleńsk

Kowno

Wilno

Gdańsk

ZABÓR
PRUSKI

Berlin

Poznań

BIAŁYSTOK

Warszawa

Pińsk

Łódź

Brześć nad
Bugiem

ROSJA

Radom

Wrocław

Lublin

Łuck

Żytomierz

Kijów

PRUSY

Kraków

Lwów

ZABÓR
AUSTRIACKI

Bracław

AUSTRIA

region białostocki (Obwód Białostocki)
granice Królestwa Polskiego

Morze
Czarne

w Zabłudowie, w Choroszczy oraz w ówczesnych wsiach: Orli i Jasionówce. W niektórych miastach Żydzi byli obecni już w XIV i XV w., ale nie tworzyli gmin (Bielsk, Drohiczyn, Mielnik). Żydzi napływali na nasze ziemie głównie ze wschodu. Najstarsze gminy żydowskie omawianego obszaru powstały w Tykocinie, w ówczesnym województwie podlaskim oraz w Nowym Dworze, w województwie trockim. Zasiedlenia dokonała gmina żydowska w Grodnie istniejąca od 1389 r.

Po upadku powstania kościuszkowskiego, na mocy traktatów podziałowych w 1795 r., Podlasie na północ od Bugu przypadło Prusom. Rok później stworzona została administracja Prus Nowowschodnich, która składała się z dwóch departamentów: płockiego i białostockiego. Departament białostocki podzielony został na 10 powiatów: mariampolski, kalwaryjski, wigierski, goniądzki, łomżyński, dąbrowski, suraski, białostocki, bielski i drohiczyński, z których cztery ostatnie stanowiły w przybliżeniu obszar Białostocczyzny.

Departament białostocki przetrwał do 1807 r., kiedy to na skutek traktatu w Tylży, jego część, a mianowicie powiaty: białostocki, bielski i drohicki oraz fragmenty powiatów suraskiego i dąbrowskiego otrzymała Rosja. Powstała nowa jednostka administracyjna na prawach guberni zwana Obwodem Białostockim. Utworzony przez carską Rosję Obwód Białostocki na skutek przeszło 100-letniej carskiej administracji stał się nową, powiązaną ekonomicznie krainą geograficzną, którą zwać będziemy właśnie Białostocczyzną. Po przyłączeniu do powiatu bielskiego powiatu drohickiego w 1843 r. Obwód Białostocki włączono administracyjnie do istniejącej od 1802 r. Gubernii Grodzieńskiej, co nie przeszkodziło dalszej integracji tego obszaru. Obwód Białostocki pokrywał się w zasadzie z obecnie istniejącym województwem białostockim. Z miast znalazły się w nim „dodatkowo" Ciechanowiec

i Goniądz, „ubył" zaś Tykocin. W jego granicach znalazły się 32 miasta i miasteczka, które w większości stanowią główny temat tej pracy. Obwód liczył 9 073 km^2 (dziś województwo białostockie liczy 10 000 km^2), i składał się z ziem o „odmiennej metryce historycznej" (A. Dobroński), gdyż powiat bielski i białostocki (bez swojej wschodniej części) miały swój rodowód w dawnych ziemiach koronnych, zaś powiat sokólski i wschodnia część powiatu białostockiego wraz z Gródkiem, Michałowem, Supraślem i Zabłudowem należały do Litwy. Ówczesną Białostocczyznę tworzyły zatem powiaty: białostocki, bielski i sokólski.

Morze Bałtyckie

ŁOTWA

LITWA

Niemen

Niemenczyn

Wilno

Wołożyn

PRUSY WSCHODNIE

Gdańsk

Grodno

Grajewo

Nowogródek Mir

Łomża

BIAŁYSTOK

Wołpa

Bydgoszcz

Mrawa

Zabłudów

Świsłocz

Baranowicze

Brańsk

Płońsk

Naselsk

Orla

Szereszew

Włocławek

Dobrzyń nad Wisłą

Drohiczyn

Łachwa

Żychlin

Wołomin

Pinsk

Poznań

Skiemiewice

Brzeziny

Warszawa

Zbąszyń

Mińsk Mazowiecki

Brześć nad Bugiem

Wysock

Warta

Łódź

Otwock

Prypeć

Kalisz

Łask

Góra Kalwaria

Łaskarzew

Klesów

Przytyk

Radom

Dęblin

Lublin

Włoszczowa

Kielce

Kazimierz nad Wisłą

Chełm

Częstochowa

Hrubieszów

Łuck

Rowne

Bogoria

Ostróg

Krzemieniec

Katowice Pacanów

Zamość

Kraków

Biała

Tarnów

Lwow

Tarnopol

ZSRR

Krynica Zdrój

Drohobycz

Chodorow

Rohatyn

Stryj

Czortkow

Stanisławów

Rosochacz

Zaleszczyki

Dniestr

Kosów

CZECHOSŁOWACJA

REGION BIAŁOSTOCKI

RUMUNIA

NIEMCY

Rzeczpospolita Polska 1921-1939

Taka sytuacja przetrwała do I wojny światowej. W nowo utworzonym Państwie Polskim powstało rozległe województwo białostockie, które składało się z 13 powiatów i stanowiło historycznie cztery obszary: Łomżyńskie, Suwalszczyznę, Grodzieńszczyznę (z Wołkowyskiem) oraz Białostocczyznę, składającą się z tych samych trzech powiatów: białostockiego, bielskiego i sokólskiego. Te powiaty już wówczas określano mianem regionu białostockiego. Obszarowo w zasadzie pokrywały się one — z niewielkimi różnicami — z obecnie istniejącym województwem białostockim. Biorąc pod uwagę istniejące do 1939 r. skupiska żydowskie Białostocczyzny, jej obecny obszar w porównaniu do owych trzech powiatów wykazuje niewielkie różnice. Z dawnego powiatu: sokólskiego „ubył" Odelsk (Białoruska SRR), z powiatu białostockiego „odeszły" Goniądz i Trzcianne (obecnie województwo łomżyńskie). Z dawnych powiatów: grodzieńskiego „doszły" Krynki, zaś z powiatu wołkowyskiego, Jałówka. Z powiatu wysokomazowieckiego „doszedł" Tykocin i Łapy.

Te trzy interesujące nas powiaty: białostocki, bielski i sokólski miały odpowiednio obszar: 3 079 km^2 (białostocki, grodzki 39 km^2), 4 989 km^2 i 2 333 km^2, co w sumie dawało obszar niewiele ponad 10 000 km^2,

28

zatem zbliżony do niegdysiejszego Obwodu Białostockiego i obecnego województwa białostockiego.

Paradoksalnie więc Białostocczyzna, która w okresie staropolskim była sztucznym zlepkiem krain o odmiennych metrykach i rodowodach historycznych, powstała i ukształtowała się właściwie dzięki podziałom rozbiorowym dawnej Rzeczypospolitej. Nie poddały się także integracji w ramach Białostocczyzny obszary Łomży, Suwałk, Grodna czy Wołkowyska i pomimo, iż wchodziły w okresie międzywojennym w skład województwa białostockiego, okre-

ślano je mianem: Łomżyńskiego, Suwalszczyzny i Grodzieńszczyzny. Na odrębność rejonów Suwałk i Łomży wpływ decydujący miało wejście tych ziem po rozbiorach w skład Królestwa Polskiego, podczas gdy obszary wokół Białegostoku włączono do Rosji.

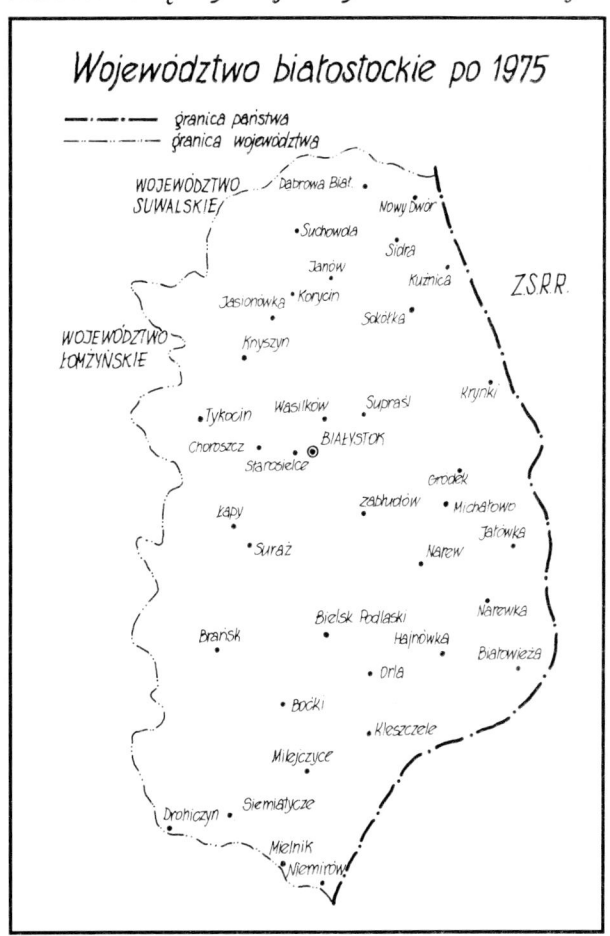

Niniejsze opracowanie bóżnic i synagog dotyczy obszaru obecnego województwa białostockiego. W kolejnych opracowaniach chciałbym także zająć się bóżnicami Suwalszczyzny, Łomżyńskiego i Grodzieńszczyzny. Przygotowywany aktualnie II tom będzie poświęcony w całości bóżnicom Białegostoku, a następny III — bóżnicom Grodzieńszczyzny.

Beth Kneseth, Beth Midrasz, Klaus
(Synagoga, Dom Modlitwy)

Throughout the ages the Jewish place of prayer frequently changed its name, depending on the country. The names were variously interpreted; in Hebrew, they were 'Beth Kneseth' (Meeting House) and 'Beth Midrasz' (House of Study). In Polish the equivalents were: 'główna bóżnica' (main synagogue), 'szkoła żydowska' (Jewish school) , 'dom modlitwy' (house of prayer) and 'przyszkółek' (school annex). Also, other names were in use, such as Latin 'Schola Judeorum', or German 'Judenshule', and others. Chasiddim synagogues were usually called 'Klaus' or 'Hasidim Sztibl'.

Large numbers of names for Jewish sacral objects resulted from their multifunctional quality; the synagogue was a place for religious services, meetings, community disputes and it also served as the location of Kahal, the Jewish court. Occasionally, it was even used as a prison.

In this work the word 'bóżnica' (synagogue) is used to refer to a Jewish place of religious cult; the Jewish community is called 'kahal' (depending on size and social structure: 'gmina żydowska', 'kahałek' or 'przykahałek').

31

Żydowski obiekt kultu, czyli obiekt sakralny wyznawców religii mojżeszowej na przestrzeni wieków częstokroć zmieniał swoją nazwę, w zależności od kraju w którym Żydzi mieszkali. Rozmaicie interpretowano te nazwy w oparciu o istniejące źródła pisane.

Już w okresie starożytności obok głównej świątyni jerozolimskiej istniały także domy nauki i studiów religijnych, w których mógł zabrać głos każdy kto znał Torę. W czasach niewoli babilońskiej, po zburzeniu świątyni w 70 roku naszej ery i po rozproszeniu Żydów po całym świecie, te mniejsze domy studiów i nauki stały się, w zastępstwie świątyni, centrami żydowskich gmin wyznaniowych. Żydzi zbierali się w nich już nie tylko, aby się uczyć i dyskutować, ale także aby odbywać wspólne modlitwy.

Obowiązującymi hebrajskimi nazwami żydowskiego domu modlitwy był: Beth Hakneseth (Dom Zgromadzeń) oraz Beth Ha Midrasz (Dom Studiów Religijnych). Ich odpowiednikiem była główna bóżnica, szkoła oraz dom modlitwy, przyszkółek. Znane były także inne nazwy, jak łacińska: Schola Judeorum, a po niemiecku Judenschule. Schola, schola judeorum i Judenschule jako określenia pojawiły się w XII wieku i wskazują wyraźnie według Krautheimera na znaczenie synagogi jako szkoły studiów, czy audytorium dla poznawania zasad religii mojżeszowej.

Te określenia na ziemiach polskich przybrały różne nazwy, jak synagoga, bóżnica, Wielka Synagoga, szkoła żydowska, przyszkółek. Zazwyczaj nie czyniono różnicy pomiędzy nazwą „synagoga" czy „bóżnica". Były to te same określenia: pierwsze tłumaczone z greckiego, drugie zaś spolszczone, jako miejsce poświęcone Bogu. Ich odpowiednikiem na gruncie języka staroniemieckiego i jidysz była „szul" — „szkoła".

Podobnie rozróżniał te pojęcia Zygmunt Gloger, który określał obiekty kultu żydowskiego w Polsce, nazywane także przez Żydów (przyp. T. W.), „szkołami" i w języku inteligencji „synagogami". Rozszerzając tę myśl należy stwierdzić, iż określenie „synagoga" wydaje się mieć rodowód typowo wielkomiejski, podczas gdy nazwa „bóżnica" funkcjonowała raczej w mniejszych ośrodkach życia religijnego Żydów polskich.

Duża ilość określeń na żydowski obiekt sakralny miała swoje przyczyny w jego programowej wielofunkcyjności. Bóżnica bowiem, prócz funkcji ściśle religijnej była, także miejscem nauczania Pisma Świętego i ośrodkiem władz administracyjnych gminy żydowskiej. Była też centrum społecznym i integracyjnym skupiska żydowskiego, a znajdując się często

Orla. Wielka Synagoga. Aron Ha Kodesz. [The Great Synagogue. Aron Ha Kodesz.]
Fot. H. Struck 1916. Photo Archive Beth Hatefutsoth Tel Aviv. Israel.

pośrodku żydowskiego rynku, była centrum życia gospodarczego gminy. Wykorzystywana była także w celach świeckich, zdarzało się, iż była miejscem spotkań, czy też wesel urządzanych najczęściej w przedsionkach. Israel Beker znany aktor i reżyser teatru Habima w Izraelu wspomina o wydarzeniu, które miało miejsce w Zabłudowie przed wojną. Otóż w jednym z przedsionków starej drewnianej bóżnicy zabłudowskiej (prawy pawilon) odbywały się kursy dla młodych... aktorów. Kursy takie prowadził I. Beker. Często świątynia żydowska mieściła w sobie rozmaite urzędy gminne, jak kancelarię gminy, archiwum, pomieszczenia sądów rabinackich, a nawet niewielką salkę więzienną. Niektóre bóżnice posiadały także osobne pokoiki, najczęściej ogrzewane, które służyły jako miejsce odpoczynku żydowskim wędrowcom. Często w samej bóżnicy znajdował się skarbiec gminy, a tym samym mieszkał w niej stróż dobytku synagogi. W bóżnicy znajdowały się także chedery, niewielkie szkółki religijne dla żydowskich dzieci. Taką wielofunkcyjność spotkać można było przeważnie w mniejszych i biedniejszych skupiskach żydowskich, w których zarządu gminy nie było stać na postawienie dodatkowych budynków. Z czasem wiele tych funkcji zostało „wyprowadzonych" z bóżnicy i stało się samodzielnymi ośrodkami gminnymi zajmując specjalnie do tego celu wybudowane budynki.

Opierając się na istniejących i dostępnych źródłach należy stwierdzić, iż określenie „synagoga" miało również swoje inne znaczenie: w wiekach XVI-XVIII oznaczało samą gminę żydowską i jej struktury, a nie tylko obiekt kultu. Zaś synagogę, zbór, kahał w Polsce staropolskiej rozumiano jako gminę, zarząd gminy, a nie tylko jako obiekt sakralny.

My jednak pod pojęciem „bóżnica", które to pojęcie przedkładamy nad „synagoga", będziemy rozumieli żydowski obiekt sakralny, zaś skupisko żydowskie bardziej lub mniej zorganizowane zwać będziemy gminą żydowską, kahałem lub też przykahałkiem (gmina filialna).

Często spotykamy się także z określeniem „Wielka Synagoga", szczególnie w XIX i XX wieku. Oznaczała ona najczęściej główną i najważniejszą bóżnicę danej gminy. Określenie to funkcjonowało w większych ośrodkach żydowskich. Na przykład mianem „Wielkiej Synagogi" w Białymstoku określano nieodmiennie obiekt główny znajdujący się w dzielnicy Szulhof przy ul. Szkolnej-Bóżniczej. Prócz tej „Wielkiej Synagogi" istniały w mieście inne bóżnice, niekiedy bardzo dużych rozmiarów, to jednak prymat trzymała właśnie „Wielka Synagoga". Wokół „Wielkiej Synagogi" funkcjonowały liczne mniejsze, pomocnicze bóżnice i domy studiów religijnych prywatnych fundacji, bractw, cechów oraz bóżnice dzielnicowe.

Od XVIII wieku zaczęły także funkcjonować, głównie na ziemiach polskich pierwsze bóżnice chasydzkie, tzw. Hasidim Sztibl, zwane najczęściej klausami. Takie klausy istniały przed 1939 r. prawie w każdej gminie żydowskiej II Rzeczypospolitej, w szczególności na kresach wschodnich. Pod względem architektury nie wyróżniały się niczym specjalnym, najczęściej urządzane były w prywatnych domostwach i programowo unikały jakichkolwiek ornamentów i detali. Zresztą skupiska chasydów, przeważnie zubożałych, były na terenie Białostocczyzny raczej nieliczne. Bóżnice chasydzkie mimo, że znajdowały się w co drugim miasteczku tego regionu nie liczyły więcej, aniżeli 20-30 wyznawców. Najwięcej chasydów mieszkało w samym Białymstoku, gdzie było aż kilka bóżnic chasydzkich.

Istniały żydowskie domy przedpogrzebowe, pełniące także pewne funkcje bóżnicze, usytuowane na terenie cmentarza (Białystok) lub też w jego pobliżu. Często same nagrobki nawiązywały do architektury bóżnic, w szczególności nagrobki znaczniejszych rabinów, czy cadyków, tzw. ohele „namioty", które w sposób wyraźny starały się kopiować Namioty Przybytku Pańskiego. Takie ohele można jeszcze dziś spotkać na cmentarzu żydowskim w Białymstoku i Zabłudowie, a były obecne na wielu innych cmentarzach Białostocczyzny: w Tykocinie, Krynkach, Brańsku, Sokółce, Jasionówce, Siemiatyczach i innych.

Orla. Wielka Synagoga. Bima. [Orla. The Great Synagogue. Bimah.]
Fot. H. Strock 1916. Photo Archive Beth Hatefutsoth Tel Aviv. Israel.

Orla. Wnętrze synagogi. [Orla. Interior.]
Fot. 1967 (?) BBiDZ Białystok.

Istniały także bóżnice „szpitalne", „sierocińcowe" i „fabryczne". Te ostatnie usytuowane na terenie zakładów fabrycznych, większych manufaktur, oczywiście tam, gdzie właścicielem fabryki był zamożny Żyd. Bóżnice „fabryczne" istniały na terenie fabryki w Białymstoku przy ul. Mickiewicza oraz w Siemiatyczach na terenie fabryki na tzw. „Zamościu".

Przepis talmudyczny wymagał, aby funkcjonowanie synagogi, czy domu modlitwy było uzależnione od zgromadzenia się w obrębie społeczności żydowskiej co najmniej 10 dorosłych Żydów, tzn. takich, którzy ukończyli 13 lat i zdali „egzamin pełnoletności" Bar Micwa.

Stąd nawet w bardzo niewielkich ośrodkach, jak na przykład w Czarnej Wsi Białostockiej, gdzie przed wojną mieszkało 10 dorosłych i zdolnych do modlitwy Żydów, modły odbywały się w jednym z prywatnych mieszkań, gdzie urządzona była skromna salka modlitewna. Jedynie na ważniejsze święta religijne judaizmu, jak Rosz Haszana (Nowy Rok) i Jom Kippur (Sądny Dzień), Żydzi ubierali się odświętnie i udawali się do pobliskich, większych ośrodków, gdzie znajdowały się gminne synagogi: w Białymstoku, Wasilkowie lub Sokółce. Tak też działo się w innych, mniejszych ośrodkach na Białostocczyźnie, których z braku informacji i małego znaczenia tutaj nie omawiamy.

Synagogue Complex
(Kompleks synagogalny)

Every Jewish community required a synagogue, wash—house and cemetery, though it happened that certain Jewish settlements did not have their own cemetaries. For example, Jews of Łapy were buried at the cemetery in Suraż, Jews of Supraśl in Białystok, while those from Hajnówka in the Jewish cemetery in Narewka.

With the increase in importance of the community, other institutions appeared, such as hospitals, homes for the aged, orphanages, Rabin's court, or administrative center. They were usually housed in separate buildings. As a result of religious divisions among Jews, in one settlement or town, two new and different religious centers appeared (e.g. Białystok: Szulhof and Chorszul synagogues) as well as Hassiddim, guild's, or private houses of prayer.

The complex of institutions around a synagogue had its origins in the medival system which required that people of the same background and profession should settle in a specific district. Hence, in many towns of the Białystok Region throughout history streets existed next to each other named 'Jewish' 'Israelite' or 'School'. The center of the district was usually marked out by a small square serving as a market next to which the synagogue was located , as well as other kahal institutions.

Na pełnoprawną gminę żydowską składała się przede wszystkim bóżnica, dom modlitwy, mykwa (rytualna łaźnia żydowska) oraz cmentarz. Często jednak zdarzało się, że gmina nie posiadała swojego cmentarza. Na przykład Żydzi z Łap grzebani byli na cmentarzach żydowskich w Białymstoku, Surażu i Sokołach. Żydzi z Supraśla urządzali swoje pochówki na cmentarzach w Białymstoku, Żydzi z Białowieży i Hajnówki chowani byli na cmentarzu w Narewce.

Schemat: bóżnica, łaźnia i cmentarz rzadko występował w swojej modelowej, trójdzielnej postaci. Wraz ze wzrostem znaczenia gminy pojawiły się nowe urządzenia gminne jak szpital, dom starców, sierociniec, sąd rabinacki, zarząd gminy i wiele innych pomocniczych instytucji, które oddzielając się od samej bóżnicy „przenosiły się" do osobnych budynków ustytuowanych jednak najczęściej w niedalekim sąsiedztwie centrum synagogalnego, czyli bóżnicy i domu modlitwy. Takie rozbudowane centrum istniało w Białymstoku (Szulhof). Uproszczony schemat, model urządzeń gminnych, czyli kompleksu gminno-synagogalnego prezentuje rysunek w części ilustracyjnej pracy. Niektóre instytucje i urządzenia gminne wraz z rozwojem kahału „oddalały się" od właściwego centrum synagogalnego. Na przykład szpitale starozakonnych w Białymstoku, Siemiatyczach czy Krynkach znajdowały się w znacznej odległości od pozostałych obiektów gminy żydowskiej. Często także jeden budynek mieścił w sobie wiele funkcji, jak na przykład w Boćkach, gdzie w bóżnicy znajdowała się salka modlitewna, zarząd gminy, szkółka religijna, cheder itp. W bóżnicy brańskiej „Alter Beth Midrasz" mieściła się jesziwa oraz więzienie dla kantonistów. Struktura gminy żydowskiej zależała zatem w głównej mierze od stopnia jej zamożności.

Często także z uwagi na stały i niezmienny obszar dzielnicy żydowskiej i niemożności jej poszerzenia, budynki rozmaitych urządzeń gminnych budowano bez jakiegokolwiek planu, kierując się jedynie pragnieniem zagospodarowania jak najmniejszej przestrzeni. Powstawały wówczas fantastyczne niekiedy kompleksy budynków pełne rozmaitych przybudówek, „bocianich gniazd" całkowicie nie związanych z urbanistyką i planową rozbudową miasta. Tak było w Białymstoku w dzielnicy Szulhof oraz w Brańsku. Z uwagi na ogromne zagęszczenie takiego centrum religijnego, najczęściej wznoszonego z drewna, a także na nieprzestrzeganie jakichkolwiek norm bezpieczeństwa dzielnice takie, łącznie z bóżnicą, padały pastwą częstych pożarów.

Najczęściej spotykanym schematem kompleksu synagogalnego spotykanym na terenie Białostocczyzny, za wyjątkiem Białegostoku, była główna synagoga, zwana często „Alte Szul", czyli „stara szkoła żydowska", obok której usytuowany był dom modlitwy tzw. „Beth Midrasz", (przyszkółek). Tak było w Boćkach, Zabłudowie, Siemiatyczach, Suchowoli, Sokółce i w wielu innych miejscowościach. Często też obok głównej synagogi znajdowały się nawet 2 i 3 domy modlitwy, jak w Wasilkowie czy Orli. Obok tych obiektów stał najczęściej dom rabina. W przyszkółku odbywały się posiedzenia gminy żydowskiej oraz codzienne modlitwy. Natomiast główna bóżnica czynna była przeważnie podczas znaczniejszych świąt religijnych lub podczas uroczystości państwowych. Pozostałe urządzenia modelowej gminy żydowskiej Białostocczyzny, jak szpital, łaźnia, czy przytułek znajdowały się najczęściej w bliskim sąsiedztwie.

Schemat ów bywał zakłócany także poprzez powstawanie, głównie w XIX wieku, dużej ilości mniejszych bóżnic cechowych, prywatnych i chasydzkich w różnych punktach osady czy miasteczka.

W Białymstoku dodatkową przyczyną polaryzacji centrum religijnego, jakim był Szulhof, (dzielnica, plac wokół Wielkiej Synagogi) było powsta-

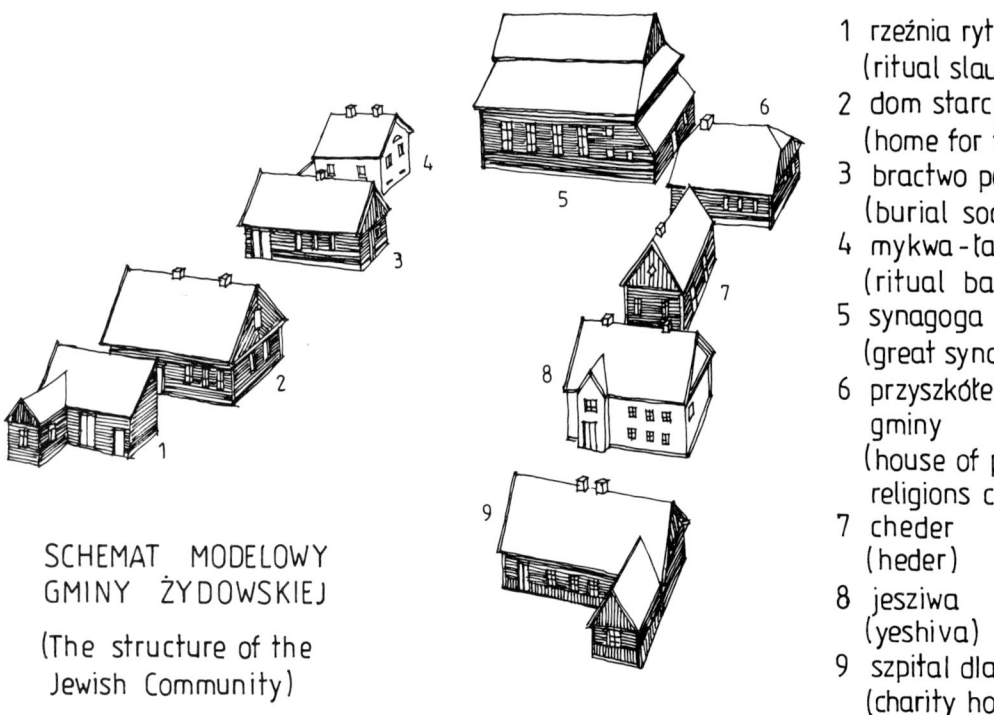

SCHEMAT MODELOWY
GMINY ŻYDOWSKIEJ

(The structure of the
Jewish Community)

1 rzeźnia rytualna
(ritual slaughterer)
2 dom starców
(home for the aged)
3 bractwo pogrzebowe
(burial society)
4 mykwa - łaźnia
(ritual bath)
5 synagoga
(great synagogue)
6 przyszkółek, zarząd gminy
(house of prayer, religions court)
7 cheder
(heder)
8 jesziwa
(yeshiva)
9 szpital dla ubogich
(charity hospital)

42

nie oświeceniowej synagogi „Chorszul" przy ul. Żydowskiej, która stała się drugim centrum religijnym Żydów białostockich. Pomimo jednak oczywistych różnic, wiele innych urządzeń gminy — jak szpital, łaźnia i cmentarze — były użytkowane zarówno przez ortodoksów, jak i Żydów oświeconych. Rolę konsolidującą przejął Zarząd Gminy Żydowskiej. Takie jednakże podzielenie społeczności żydowskiej na dwa centra religijne dotyczyło tylko dużych skupisk żydowskich , których na Białostocczyźnie, za wyjątkiem Białegostoku właściwie nie było.

Model kompleksu synagogalnego miał swoje źródła w porządku średniowiecznym, który wymagał aby ludzie tego samego pochodzenia i zawodu osiedlali się w pewnych określonych dzielnicach lub też ulicach. Stąd też w wielu miastach i miasteczkach Białostocczyzny w okresie staropolskim, jak i rozbiorowym napotykamy nazwy ulic: Żydowska, Izraelicka, Szkolna a nawet Niemiecka w Białymstoku, czy Ormiańska, Tatarska lub Ruska we Lwowie. Ulica Żydowska istniała właściwie w każdym ośrodku skupiającym Żydów.

Na powstanie osobnych dzielnic i kwartałów żydowskich, a tym samym skoncentrowanych tam głównych instytucji kahalnych największy wpływ wywarło ustawodawstwo państwowe i kościelne, które domagało się bezwzględnego oddzielenia ludności chrześcijańskiej od wyznawców religii mojżeszowej. Przemieszczenie nastąpiło dopiero w okresie porozbiorowym, aczkolwiek i wówczas nadal funkcjonowały ulice i kwartały zamieszkałe tylko przez Żydów.

Centrum takiej dzielnicy wyznaczał najczęściej niewielki plac, o charakterze rynku, na którym wznoszono główną bóżnicę, zaś wokół niej inne obiekty administracji kahalnej. Tak powstał kompleks synagogalny, który składał się w większych gminach żydowskich nawet z kilkunastu budynków, jak to miało miejsce w Białymstoku.

Współczesny program urbanistyczny kreowania kompleksu synagogalnego rozwija się obecnie głównie w Ameryce, Kanadzie, Australii, Izraelu oraz w kilku państwach europejskich. Następuje tu wyraźny powrót do koncepcji starożytnych: trójskładowych funkcji synagogi jako domu modlitwy, domu nauki i miejsca spotkań. W takim zespole obecnie prócz sali modlitewnej znajdują się sale klasowe, biblioteka, a nawet pomieszczenia klubowe, kuchnia i administracja. Cały kompleks posiada najczęściej naturalne otoczenie. Przykładowe realizacje: Park Synagogue of Cleveland, Ohio (1945), B'nai A moona Synagogue, Jewish of Baltimore oraz realizacje Ericha Mendelsohna (ur. w Olsztynie!).

Rabbis, cantors, the faithful

(Rabini, kantorzy, modlący się)

The rabbi was the main kahal personality. In larger Jewish settlements such as Białystok, there were several rabbis, but only one was generally considered to be the most important. The Czarist census of 1897 indicated within the Białystok Region 65 individuals occupied with religious work, that is rabbis and their assistants (dajans); the greatest number — as many as 33 — were in the town of Białystok itself.

The cantor sang prayers and other religious hymns. He usually was not paid, unless the community was sizable. In Białystok many synagogues invited famous cantors, even from faraway locations, offering them generous fees for their services. Some synagogues had choirs run by cantors.

The life of every Jew inhabiting the Białystok Region, as well as other parts of Poland until 1939, had its rhythm organized around two different kinds of activities: religious matters and the daily struggle for survival. The Białystok Jew would visit the synagogues even in the most difficult of times. They were religious people, and synagogues were attended by Orthodox as well as progressive Jews, socialists, or even Bundists.

Najważniejszą osobistością w gminie żydowskiej był rabin. W większych gminach, jak na przykład w Białymstoku, było kilku rabinów, jednak jeden spośród nich uznawany był powszechnie za głównego. W okresie międzywojennym najważniejszy rabin Białegostoku, dr Gedali Rozenman dla dodatkowego wyróżnienia miał przydomki „miejski", „rządowy". Często także wprowadzano hierarchię wśród rabinów, stosując określenia: „rabin", „podrabin" lub „nadrabin".

Rabin sprawował wszystkie podstawowe funkcje administracyjne żydowskiej gminy wyznaniowej. Często także był prezesem takiej gminy, aczkolwiek w większych skupiskach stanowiska te były rozłączne. Na przykład prezesem gminy żydowskiej w Białymstoku do 1939 r. był dr Abraham Tyktin, zaś głównym rabinem dr Rozenman.

Spis carski z 1897 r. wykazał na terenie Obwodu Białostockiego liczbę 65 osób zajmujących się sprawami religijnymi czyli rabinów i ich pomocników (dajanów). Najwięcej rabinów było w Białymstoku, bo aż 33. Wynikało to z faktu, iż w tym mieście u schyłku XIX wieku funkcjonowało około 40, a w 1935 r. około 60 bóżnic. W innych miastach i miasteczkach Białostocczyzny mieszkało po kilku duchownych wyznania mojżeszowego. Prócz rabinów spis wymienia także 205 osób zatrudnionych w bóżnicach, cmentarzach itp. oraz służbę i stróży, z czego aż 127 w Białymstoku. Byli to gabaje, szamesi, chazzani, szocheci, mohele i inni.

Kantor, który śpiewał modlitwy i inne pieśni religijne pełnił w bóżnicy najczęściej swoją funkcję społecznie, bez wynagrodzenia, za wyjątkiem większych gmin żydowskich. W Białymstoku do nowo budowanych synagog zapraszano na pełne etaty wybitnych kantorów nawet z dalekich rejonów. Do synagogi „Chorszul", sprowadzono słynnego kantora z Kijowa. Znamy nazwiska kilku najwybitniejszych kantorów białostockich. Kantor Mejer Podrabinek był śpiewakiem w Wielkiej Synagodze w Białymstoku, ale także w Wilnie oraz w Łodzi. Później wyemigrował do Nowego Jorku. Kantor Mosze Bass Rabinowicz pełnił funkcję kantora w Miejskiej Synagodze w Białymstoku w latach 1880-1908. W tej samej głównej synagodze białostockiej pracował także kantor Eli Boruchowicz, który wyemigrował później do Argentyny, a w okresie międzywojennym śpiewali tu słynni kantorzy, Dawid Katzman, (który również wyemigrował do Ameryki) oraz kantor Szeinwald.

Białystok. Chór Wielkiej Synagogi. [Choir of The Great Synagogue.]
Fot. 1928 (?). The Bialystoker Bilder Album. New York, 1951.

W białostockiej synagodze „Chorszul" przy ulicy Żydowskiej śpiewali m.in. prof. A. Zaludkowski, którego uczniem był słynny późniejszy kantor Mosze Kusewicki. W latach 1903-1917 w tejże bóżnicy śpiewał N. Wilkomirski, który później wyemigrował do Ameryki. Z innych kantorów wymieńmy Zwi Grochowskiego, N. Stolnitza i Boniufke. Niektóre synagogi ze swoją świetną akustyką ściągały licznych wybitnych kantorów. Tak było w przypadku brańskiej bóżnicy „Poalej Cedek" (Robotnicy Sprawiedliwości). W połowie XIX wieku w synagodze tykocińskiej śpiewali m.in. Bendet Mejerowicz Śliwka, Boruch Ołomiecki i Lejzor Borod (AGAD, CWW 1831).

Życie każdego Żyda zamieszkującego ziemie polskie, w tym region białostocki do 1939 r., było wypełnione i codziennie odmierzane dwoma rodzajami czasów. Jeden przeznaczony był sprawom religijnym, drugi *zwykłej, codziennej egzystencji.* Jak ów Żyd Oskara Miłosza *(Baśnie i legendy litewskie),* „który podobnie jak wielu jego rodaków, podzielił swoje życie na dwie równe, ale całkowicie różniące się części: pierwszą poświęconą spekulacjom ducha, a drugą handlowi..." czy jak Eli Witebski z „Meira Ezofowicza" — Elizy Orzeszkowej, który „...jeżdżąc wciąż po świecie za interesami, któremi się zajmował gorliwie, ale ilekroć znajdował się w Szybowie, widywano go bez zawodu w Beth-Ha-Midraszu, słuchającego ze czcią przynależną mądrych nauczań rabina Todrosa...".

Żydzi Białostocczyzny byli umiarkowanie religijni. Do bóżnic uczęszczali nieliczni ortodoksi, a nierzadko nawet postępowi bundyści. W niektórych bóżnicach — w czasach rewolucyjnych napięć, odbywały się poli-

Bielsk Podlaski. Wnętrze drewnianej synagogi. [Interior]
Fot. 1916 (?). YIVO, New York.

tyczne, spontaniczne wiece, wygłaszano przemówienia w duchu lewicowym. Takie wydarzenia miały miejsce podczas rewolucji 1905 roku w bóżnicy w Krynkach czy w białostockiej „Argentiner Beth Midrasz". W Knyszynie w 1905 r. robotnicy żydowscy wdarli się do głównej bóżnicy aby zorganizować wiec i zakazali rabinowi odprawiać modlitwy.

Byli też Żydzi skrajnie religijni: chasydzi. Jednakże było ich znacznie mniej aniżeli na Polesiu, Wołyniu czy Podolu, gdzie funkcjonowały słynne ośrodki chasydzkie w Wołożynie, Raduniu, Mirze, Słonimiu, Kobryniu czy Czortkowie. Encyklopedia of Jewish History (Israel 1986) prezentuje mapę chasydzkich centrów XVIII i XIX w. Najbliższy Białostocczyźnie jest ośrodek w Grodnie i Udunie (Amdur-Indura, obecnie Białoruska SRR) założony przez Arona z Karlina. Białostocczyzna na tej mapie jest całkowicie „wolna" od wpływów chasydzkich. Nie znaczyło to oczywiście, iż nie było tu chasydów. Niewielkie skupiska chasydzkie były w Bielsku Podlaskim, Krynkach, Brańsku, Siemiatyczach, Sokółce i innych miasteczkach.

Białystok. Rabin Bagon obok „Pułkowej Synagogi".
[Rabbi Bagon at the gate of „Pułkowa Synagogue".]
Fot. 1928. Dawid Bagon Collection. Israel.

Basic parts
of a synagogue
(Podstawowe części bóżnicy)

Main elements in a synagogue are Aron Ha Kodesz (equivalent of an altar) and Bimah (equivalent of a pulpit). They constitute integral and indispensable parts of each synagogue, corresponding to places in the ancient temples where objects such as menorahs or tables for bread were kept. Aron Ha Kodesh is the shrine of the holy ark, the amin — prayer hall where the faith ful collected.

In the closet of Aron Ha Kodesh, the Scrolls of the Law were kept. Bimah was usually a free—standing raised platform surrounded with a balustrade and four pillars.

The other element of a synagogue, dating from the 16th century, was „pulisz" — entrance hall used as courtroom, meeting hall for the Kahal authorities etc.

The main prayer hall was accessible only for men (unless it was a reformed synagogue, but such did not exist in the Białystok region). Women remained in side halls or separate galleries. We also know of synagogues entirely for men, the more orthodox ones as in Białystok or Boćki.

Podstawowymi częściami składowymi wnętrza bóżnic jest Aron Ha Kodesz oraz Bima. Stanowią one integralną i nierozerwalną całość każdej bóżnicy. Ich dalekim odpowiednikiem w starożytnej świątyni był dziedziniec dla zbierających się (dziś główna sala modlitewna dla mężczyzn). Miejsce kapłańskie z przedmiotami kultu takimi jak menory, stoły na chleby, ołtarz kadzielny przetransponowane zostało na bimę. „Miejsce święte świętych" zastąpił Aron Ha Kodesz.

Aron Ha Kodesz usytuowany na pamiątkę dawnego przymierza w miejsce biblijnej Arki Przymierza, zwany jest także skrzynią ołtarzową, świętą szafą, miejscem przechowywania świętych rodałów, czyli zwojów Tory. Usytuowany był we wschodniej stronie bóżnicy. Zaznaczono go dodatkowo przez umieszczenie w ścianie wschodniej ozdobnej tablicy „Mizrach". W szafie ołtarzowej przechowywana była największa świętość judaizmu, zwoje Tory spisane na pergaminie i zrolowane na specjalnych ozdobnych drewnianych rodałach tzw. „Acej Cholm" i „ubrane" w ozdobną sukienkę. Sama szafa ołtarzowa zwieńczona była często rzeźbą dekalogu, czyli tablicą z dziesięcioma przykazaniami (lub skrótami przykazań w postaci pierwszych liter), jak na przykład w Orli, Dąbrowie Białostockiej, Krynkach, Janowie Sokólskim, Sidrze czy Suchowoli. Ołtarz, najczęściej w obiektach drewnianych był pięknie zdobiony licznymi detalami i symbolami lwów, korony, orła, lewiatana i innych zwierząt biblijnych, a także licznymi detalami roślinnymi, jak na przykład w drewnianych bóżnicach w Zabłudowie, Sidrze, Suchowoli czy Janowie Sokólskim. Spośród murowanych bóżnic Białostocczyzny do najpiękniejszych szaf ołtarzowych należały z pewnością ołtarze w Orli, Krynkach i Tykocinie. Bardzo skromnie natomiast prezentowała się szafa ołtarzowa w Kuźnicy Białostockiej.

Miejsca, w których przechowywano Torę były przesłonięte i oddzielone bogato, zdobioną zasłoną zwaną parochetem, tzw. lambrekinem, lub też zasłonką zwaną kaporet (Orla, Kuźnica, Krynki, Sidra czy Janów Sokólski). Często też parochet i kaporet dodatkowo oddzielały ozdobne drzwiczki jak w Suchowoli, czy Gródku. Aby dostać się do szafy ołtarzowej należało wspiąć się na 2—3 schodki ponad poziom sali głównej. Tak było właściwie we wszystkich synagogach Białostocczyzny. Jedynie w domach modlitwy schyłku XIX w. i XX w., szczególnie tych większych, schodki prowadziły na podium ze specjalną balustradką, która była nowym poziomem takiej bóżnicy, akcentującym znaczenie tej części obiektu. Schodki miały poręcze. Wywyższenie ołtarza, do którego należało się wspiąć, miało za zadanie okazanie zgromadzonym uroczystego rytuału wyjmowania

Tykocin. Wielka Synagoga. Aron Ha Kodesz.
[The Great Synagogue. Aron Ha Kodesz.]
Fot. 1930 (?) Sz. Zajczyk. Instytut Sztuki PAN

świętych rodałów i podkreślało znaczenie momentu okazania wiernym Tory.

Często też podium i schodki otaczano cokołem lub szerszą balustradką, a obok schodków z prawej strony (południowej) ustawiano specjalne pulpity (amud) dla prowadzącego modlitwy chazana (kantora). Takie pulpity można było zaobserwować w bóżnicach w Sidrze, Kuźnicy Białostockiej, Tykocinie, Suchowoli i innych. Przed szafą ołtarzową stały flankujące ją świeczniki, najczęściej siedmioramienne (menory), na przykład w Tykocinie, Krynkach czy Janowie Sokólskim.

W bóżnicach murowanych w Tykocinie, Orli i Krynkach święta szafa ołtarzowa ustawiana była w specjalnych niszach w postaci portali lub ogromnych ołtarzy, zaś w bóżnicach drewnianych Aron Ha Kodesz był najczęściej dwudrzwiową drewnianą szafą przystawianą po prostu do ściany wschodniej, jak w Sidrze, Janowie Sokólskim, Gródku i wielu innych.

Naprzeciw Aron Ha Kodesz usytuowana była — zawsze centralnie — bima (bema, almemor, belemer, almimbar), z hebrajskiego: scena, czyli żydowska kazalnica, czy też mównica. Na tej estradzie odbywało się uroczyste odczytywanie Tory i komentowanie fragmentów pisma. W synagogach postępowych, tradycyjna bima ulegała stopniowemu zanikowi. Zawsze dążono do takiego jej usytuowania w środku, aby można było wyraźnie zaakcentować zbliżający się moment wydobycia z szafy ołtarzowej świętych rodałów Tory i zaprezentowania ich zgromadzonym.

Majmonides (Ram Bam) zalecał ustawienie bimy w taki sposób — w środku — aby z każdego punktu bóżnicy była dobra słyszalność.

Wedle Szymona Zajczyka bima miała pierwszeństwo nad ołtarzem, który odgrywał mniejszą rolę, „odwrotnie niż w kościołach chrześcijańskich". Ołtarz, według niego, w zasadzie był jedynie przechowalnią świętych rodałów. Inaczej było w starożytności. Jak pisał Aharon Kashtan, w owym czasie gdy żydowska świątynia była bardziej miejscem zgromadzeń i przechowywania Tory, ołtarz zyskiwał na swoim znaczeniu aniżeli słabo wykształcona bima. W bóżnicach Białostocczyzny, bima znajdowała się, podobnie jak w innych synagogach polskich, na osi

Tykocin. Wielka Synagoga. Bima.
[The Great Synagogue. Bimah.]
Fot. 1930 (?). Sz. Zajczyk. Instytut Sztuki PAN.

wschód-zachód, centralnie w środku. Aby podkreślić jej dominujące znaczenie starano się, aby była najwyższym punktem sali modlitw (najczęściej równa wysokości schodów do Aron Ha Kodesz).

Bima znajdowała się na podium—estradzie i była grodzona rodzajem namiotu (Janów Sokólski, Boćki), baldachimu (Sidra), altany (Zabłudów), a nawet klatki. Zdarzało się także, iż bima nie była grodzona wcale, jak to było w głównej murowanej bóżnicy w Kuźnicy. Często też ogradzał ją niewysoki żeliwny płotek (Białystok: miejska, Orla, Bielsk Podlaski) lub obręcz (Krynki). Bima w szczególności w drewnianych bóżnicach była zdobiona bogatą snycerką i freskami (Sidra, Zabłudów), zaś w murowanych — licznymi freskami (Tykocin). W klausach chasydzkich, bima prawie nie istniała a Aron Ha Kodesz był bardzo skromny. W bóżnicach drewnianych, na przykład w Sidrze czy Suchowoli, bima usytuowana była pomiędzy czterema słupami, które nie pełniły funkcji nośnej, podtrzymującej sklepienie sufitu, lecz stanowiły jedynie element dekoracyjny konstrukcji bimy. Z kolei w Zabłudowie czy Wasilkowie bima była samodzielnym elementem a słupy podtrzymujące sklepienie były od niej oddalone. W bóżnicy murowanej w Tykocinie konstrukcja bimy przechodzi w filary podtrzymujące sklepienie, a w synagodze orlańskiej słupy bimy są od siebie znacznie oddalone. W bóżnicach końca XIX i XX wieku słupy podtrzymujące sklepienie bimy są już rzadkością. Sufity nad bimą — w szczególności w bóżnicach drewnianych — pokryte były wielobarwnymi freskami przedstawiającymi znaki zodiaku, zwierzęta biblijne, fantastyczne stwory, które ilustrowały liczne wersety Pisma Świętego. Częstym motywem był lewiatan. Brak było natomiast przedstawień ludzkich, co miało swoją przyczynę w zapisie w Piśmie („Nie zrobisz sobie żadnego obrazu ni podobizny z tego co jest na niebie, na górze..." II Ks. Mojż., cap. 20, w. 4).

Otaczające bimę cztery słupy, mimo że niejednokrotnie zasłaniały prowadzącego modlitwy nadawały szczególne znaczenie wypowiadanym w niej „Słowom bożym". Wewnątrz bimy stał szulhan, tj. stół do wykładania Tory i czasami fotel do obrzezania: kisej Eliahu.

Innym elementem bóżnicy był wykształcony już w XVI wieku przedsionek (pulisz), który stał się odtąd jej stałą częścią i służył jako miejsce dla posiedzeń sądów, był miejscem urzędowania administracji kahalnej itp. Należy przypuszczać, że niewielkie przedsionki istniały wcześniej i znajdowały się wewnątrz głównej sali modlitewnej, od której oddzielone były parawanami lub prowizorycznymi zasłonami. Późniejsze przedsionki z uwagi na ciasnotę w bóżnicy „wyprowadzono" na zewnątrz w postaci dobudówek. Powstały w ten sposób przedsionek miał także chronić obiekt przed wpływami atmosferycznymi. Pełnił także — jak się zdaje — funkcję klamry, szkarpy wzmacniającej konstrukcję sali głównej, podobnie jak boczne babińce.

W przedsionkach lokowano także tzw. „zimowe pokoje". W drewnianych bóżnicach były one często otynkowane i służyły jako schronienie przygodnym wędrowcom podczas mroźnych zim.

W sali głównej przebywali tylko mężczyźni, za wyjątkiem synagog reformowanych, których jednakże na Białostocczyźnie jak i w całej Polsce nie było. Kobiety przebywały w bocznych przybudówkach lub też na pięterku na galeryjkach, oddzielone od mężczyzn kotarami, niewielkimi ściankami, czy ażurowymi płotkami. Izolacja kobiet wywodziła się od czasów starożytnych. Kobiece oddziały w starożytności znajdowały się również w odrębnych, piętrowych galeryjkach lub przybudowanych krużgankach, odgrodzonych parawanami umożliwiającymi kobietom słyszenie i widzenie modlących się mężczyzn (mężczyźni kobiet przeważnie nie widzieli, za wyjątkiem świąt Simcha Tora w XIX i XX w., kiedy kobiety przebywały w głównej sali, ale z boku). Zdarzało się, że kobiece oddziały umieszczano poniżej sali męskiej, jak to miało miejsce w XVII-wiecznej synagodze w Awinionie.

Znamy także kilka bóżnic, przeważnie bardziej ortodoksyjnych, gdzie modlili się tylko mężczyźni. Tak było na przykład w Boćkach oraz w najstarszej bóżnicy białostockiej, na Szulhofie.

Przedsionek, jak i sale modlitewne dla kobiet zostały zatem wykształcone w późniejszym okresie, stąd wiele starych bóżnic w wyniku dokonywanych zmian w postaci dobudowywanych bocznych przedsionków, przybudówek czy galeryjek uległa zasadniczym przeobrażeniom i zatraciła swój pierwotny kształt. Odnosi się to jedynie do domów modlitwy w Zabłudowie i Orli. Zarówno przedsionki, jak i inne dobudowywane parterowe pomieszczenia kryte były dachami pulpitowymi lub szeregiem dachów dwuspadowych.

W XVI i XVII wieku ukształtowała się wyraźnie reguła polegająca na sytuowaniu wejścia do sali głównej męskiej od strony zachodniej i dodatkowego, zewnętrznego wejścia dla kobiet.

Plan sal modlitewnych pierwszych synagog polskich był najczęściej prostokątny, rzadziej kwadratowy. Przy większej pojemności i szerokościach obiektów musiano z czasem zastosować systemy dwunawowe, by później w XVII wieku wykształcić styl tzw. dziewięciopolówek, gdzie w środku sali, w polu dziewiątym umieszczano cztery słupy zawierające Bimę i podtrzymujące sklepienie. Przykładem takiej klasycznej „dziewięciopolówki" na Białostocczyźnie był Tykocin, a także Orla. Później program budowlany ewoluował w wielu kierunkach. Na przełomie XIX i XX wieku nosił na sobie piętno rozmaitych stylów; splatały się w nim prądy neogotyckie i sztuki bizantyjskiej. Prąd neobizantyjski miał za zadanie zneutralizować zbyt silne trendy zbliżające architekturę żydowską do chrześcijańskiej: modelowym przykładem była Wielka Synagoga w Białymstoku wzniesiona w latach 1909—1913, która przykryta została wielką orientalną kopułą.

Objects of Religious Cult in Synagogues
(Synagogalia)

Many synagogues in the Białystok region contained wonderful collections of religious objects. Apart from the most lavishly decorated Aron Ha Kodesz and Bimah, each synagogue contained many other smaller items of religious cult, such as Pentateuch rolls containing the Manuscript of the Torah, or embroidered prayer garments. Synagogues of well— off communities had collections of silver items. The artificial light came from elaborately shaped menorhas and other candlesticks. Some prayer books were masterpieces of calligraphy and book binding. Collection boxes were often of exceptional beauty. A permanent element of each synagogue was a sophar, the sound of which called the Jewish people on Rosh Ha— Shanah holiday. The most elaborate collections of synagogical objects were held in the synagogues in Tykocin, Białystok, Krynki and Siemiatycze. Unfortunately, most of these beautiful and priceless items were destroyed during the Second World War. Today only the interior elements of the synagogue in Tykocin can be fully appreciated thanks to the preserved photographs of Szymon Zajczyk and Jan Glinka, held in the Arts Institute of the Polish Academy of Sciences in Warsaw, as well as in the author's private collection.

Wnętrza bóżnic oświetlały nisko wiszące, fantastyczne niekiedy w kształtach, powyginane świeczniki i „pająki". Światło docierało z wysoko umieszczonych okien wywołując wrażenie grozy i sprzyjając uniesieniu religijnemu. Dolne partie bóżnicy były zaciemnione, podczas gdy sufity były rozjaśnione. W szczególności, nastrój uniesienia religijnego potęgowały wprowadzone w XVI w. przez Isaaca Lurię nabożeństwa nocne.

Dodatkowego blasku i splendoru każdej modlitwie dodawały wspaniałe synagogalia i liczne przedmioty liturgiczne, które wykonywane były z wielkim kunsztem i talentem przez rzemieślników żydowskich. Oprócz Aron Ha Kodesz i bimy, w bóżnicy znajdowało się wiele innych drobniejszych urządzeń i stałych, najczęściej ozdobnych elementów.

Rodały z nawiniętym na nie pergaminem Tory stanowiły same w sobie wspaniały przedmiot artystyczny. Wałki były misternie rzeźbione od strony widocznej, przyozdobione sukienką wykonaną najczęściej z brokatu, jedwabiu lub aksamitu, z licznymi napisami, insygniami ofiarodawcy lub rzadziej nazwiskiem hafciarza.

Do innych wspaniałych haftów zaliczyć należy wspomniane już wcześniej kaporety i lambrekiny, które przesłaniały szafę ołtarzową. Wspaniale także prezentowały się kapy na stoły (na Bimie) oraz na pulpicie kantora. Majer Bałaban w swojej książce „Zabytki Historyczne Żydów w Polsce" (W-wa 1929 r.) cytuje

Krynki. Wnętrze Wielkiej Synagogi. [Interior of the synagogue.] Fot. 1916 (?). Yizkor Bukh Krinik.

Tykocin. Wnętrze Wielkiej Synagogi. Ozdobna szafa.
[Interior of the Great Synagogue.]
Fot. 1930 (?). Sz. Zajczyk. Instytut Sztuki PAN.

nazwiska słynnych hafciarzy żydowskich. Niektóre synagogi posiadały całe kolekcje takich haftów i kotar. Wspaniałe zasłony posiadała bóżnica tykocińska.

Bóżnice polskie, w tym bóżnice Białostocczyzny do 1939 r. posiadały także spore kolekcje sreber synagogalnych. Należały do nich tarcze na rodały (tas lub cyc), pełne ozdób i scen biblijnych; korony, które zakładało się na rodały (keter) wzorowane najczęściej na koronach królewskich, wysadzane szlachetnymi kamieniami, medalionami i inne ozdoby rodałowe jak Rimmonim w rodzaju kolumn lub kwiatów.

Do czytania Pisma Świętego używano wskazówki, rączki tzw. Jad, która była także nieodłącznym elementem świętych rodałów, była bowiem do nich przyczepiona na łańcuszku. Najczęściej przypominała ona cienką pałeczkę zakończoną odlewem niewielkiej rączki ze wskazującym palcem, przeważnie wykonaną ze srebra lub z drewna.

Do innych synagogalii, najczęściej srebrnych, zaliczyć należy kielichy, puszki na wonności, lichtarze, reflektory, żyrandole a także menory oraz miednice i kubki do mycia rąk wiernych. Ilość, wielkość oraz bogactwo synagogalii znajdujących się w bóżnicy świadczyła o zamożności danej gminy żydowskiej. Największy i najwspanialszy zbiór takich synagogalii

Zabłudów. Malowidła na drewnianym sklepieniu. [Paintings on the wooden roof.] Fot. 1930 (?). Sz. Zajczyk. Instytut Sztuki PAN.

na Białostocczyźnie posiadała synagoga w Tykocinie, a także w Krynkach, Boćkach i w Białymstoku.

Do innych, stałych przedmiotów liturgicznych znajdujących się w każdej bóżnicy Białostocczyzny należały poduszeczka i deseczka, które leżały na stole znajdującym się na Bimie. Służyły one do uciszania nazbyt hałaśliwie zachowujących się Żydów. W rogu bóżnicy lub przedsionku przechowywano baldachim, który wykorzystywano podczas ślubów. Był on wykonany z aksamitu lub atłasu i opatrzony licznymi napisami. Drążki podtrzymujące baldachim wykonane były z misternie rzeźbionego drewna.

Nieodmiennym elementem każdej bóżnicy był znajdujący się w niej róg barani, czyli szofar służący do trąbienia w święto Rosz Hoszana (Nowy Rok). Na drzwiach bóżnic umieszczano misternie wykonane i ozdobione mezuzy zawierające niewielki zwój pergaminu. Często pojawiającym się detalem występującym w bóżnicy była także tarcza Dawida „Magen Dawid" w kształcie sześcioramiennej gwiazdy powstałej z nałożonych na siebie dwóch trójkątów (jako symbol judaizmu od XVII wieku).

Do arcydzieł sztuki kaligrafii, introligatorstwa należały także niektóre modlitewniki i inne księgi przechowywane w bibliotekach bóżniczych, a także ozdobne puszki kwestorskie „ofiarnice", wystawiane najczęściej w przedsionkach i wiele innych mniejszych przedmiotów, które w całości stanowiły o wystroju i bogactwie danej gminy żydowskiej. Większość z tych wspaniałych synagogalii uległa zagładzie podczas drugiej wojny światowej.

Building Regulations
(Przepisy budowlane)

The building of new synagogues was restricted by many regulations. In the historical period of old Poland the Roman Catholic Church often required the newly constructed synagogue to be placed far from the church, so as not to outdo the church in size and magnificence. After the Partitions of Poland the Czarist administration passed out a number of rules concerning the construction of new synagogues. Since 1835 the governor issued building permits. In places where there where fewer than 30 Jewish houses only one synagogue was allowed. With the number of houses between thirty to eighty also Jewish school was allowed. In 1844 the regulations were passed concerning the location of synagogues. The construction was not permitted on the streets where an Orthodox church existed or was planned to be built. The minimal distances between these different religious institutions were precisely established. The most detailed regulations were announced by the Tzar Nicholaus in 1850, summing up the legal work restricting the construction of synagogues.

Budowa nowych bóżnic uwarunkowana była licznymi przepisami i panującymi zwyczajami. W okresie staropolskim kościół katolicki w wielu swoich uchwałach domagał się przede wszystkim, aby taki obiekt sytuowany był z dala od świątyń chrześcijańskich: „...aby przewierni szmerem swych modłów nie przeszkadzali w nabożeństwie...". Król Władysław IV zezwalał Żydom wznosić bóżnice (1633) ale „... z warowaniem praw kościoła katolickiego co do oddalenia od kościoła co do wysokości bóżnic". Wydaje się, iż w pełni respektowano jedynie zachowanie odpowiedniej odległości od świątyni katolickiej. Mimo, że budowa była zawarowana licznymi przepisami prawnymi, kościelnymi i lokalnymi, w gruncie rzeczy w Polsce przedrozbiorowej generalne zasady stanowił właściciel miasta: król czy też magnat. Gdy był zainteresowany, aby Żydzi osiedlili się w jego włościach, to kościół nie miał w tym względzie wiele do powiedzenia. Stąd powstałe w wielu miastach ogromne budynki synagog przewyższające kubaturą i przepychem lokalne kościoły. Tak było w Tykocinie, Orli czy Krynkach.

Kościół jednak nie ustawał w zabiegach, aby jak najbardziej w czasie i przestrzeni oddalić przebywanie „niewiernych" i już od XVIII wieku ustalił się powszechnie zwyczaj, iż budowa lub odbudowa starych bóżnic wymagała rzeczywiście biskupich zezwoleń. Przepisy takie, jak zauważył K.Chodynicki — dotyczyły także cerkwi i to zarówno budowanych na Litwie jak i w Koronie. J.Kurczewski wzmiankuje, iż takie ustalenia zapadły już na początku osiemnastego stulecia. Synod w 1717 r. w rozdziale 21 wyraźnie zabronił budować synagogi bez wiedzy kościoła reprezentowanego przez biskupa.

Wśród wielu warunków kościelnych, które gmina żydowska musiała spełnić, jeden wydawał się świadczyć o jego bardzo dużym znaczeniu. Otóż wznoszone obiekty kultu starozakonnych nie mogły być wyższe aniżeli lokalne kościoły. Gdy w przypadku bóżnic murowanych tak było rzeczywiście, za wyjątkiem Tykocina, Orli czy Krynek, to w przypadku bóżnic drewnianych grupy białostocko-grodzieńskiej, a głównie tych z mniejszych ośrodków miejskich, wydaje się, że było akurat odwrotnie. Zarówno drewniane bóżnice w Wasilkowie, Janowie Sokólskim, Suchowoli i innych były nieco wyższe, a przede wszystkim dużo bardziej pojemne aniżeli lokalnie istniejące, przeważnie drewniane kościoły. Było tak aż do chwili, gdy na przełomie XIX i XX wieku, wzniesiono w tych miastach murowane kościoły.

Siemiatycze. Wnętrze Wielkiej Synagogi. Aron Ha Kodesz.
[Interior of The Great Synagogue. Aron Ha Kodesz.] Fot. 1916. M. Verbin Collection.

Działo się tak dlatego, iż przepisy kościelne nie były w istocie przestrzegane, a lokalni właściciele dokładali starań, aby osiedlić Żydów i nawet finansowo wspierali budowę wielu bóżnic. Zresztą sam kościół czasami był zainteresowany w sprowadzeniu do miast Żydów. Tak na przykład zdarzyło się w Sejnach (przed wojną białostockie, obecnie województwo suwalskie), gdzie dominikanie sejneńscy w 1768 r. sprowadzili Żydów. Pierwszą drewnianą bóżnicę fundowali sami dominikanie i według tradycji przeor Bortkiewicz miał wnieść do tej synagogi podczas jej otwarcia tablice z 10 przykazaniami Mojżeszowymi (Yizkor Bukh Suwalki).

Wydaje się także, iż kościół nazbyt nie interweniował w przypadku wznoszonych bóżnic, nawet gdy były one stosunkowo wysokie z uwagi na ich przeważnie skromny wygląd zewnętrzny. Ta skromność była programowa i miała na celu nieprowokowanie chrześcijan przepychem i bogactwem wznoszonych obiektów. Rekompensatą skromnego wyglądu zewnętrznego miały być wspaniałe wnętrza.

Żydzi nigdy zresztą z chwilą osiedlenia nie budowali większych i bardziej reprezentacyjnych domów modlitwy. Tysiąc lat doświadczeń i niepewnego bytu nauczyły ich w tym względzie dużej ostrożności. Stąd pierwsze bóżnice urządzano najpierw w prywatnych mieszkaniach lub też w naprędce zbudowanych dużych, drewnianych domach, przypominających stodoły. Dopiero z chwilą uzyskania gwarancji na pobyt i uzyskania odpowiednich przywilejów, oczywiście w momencie gdy sama gmina urosła w siłę, decydowano się na budowę większych obiektów sakralnych. D.Dawidowicz cytuje, że Waad (sejm) litewski po pogromach Chmielnickiego zalecał aby nie budować bogatych i wystawnych bóżnic.

Pozwolenie na budowę bóżnicy, jak wcześniej napisaliśmy, wydawał właściciel czy też dziedzic, który najczęściej zainteresowany był w osiedlaniu się starozakonnych. Rzadko zdarzało się, aby Żydzi osiedlający się musieli z tego tytułu dodatkowo wnosić jakieś łapówki czy inne daniny lub kontrybucje. Uzyskiwali oni często bezpłatnie budulec na wznoszoną świątynię, darmowy plac na cmentarz, a nawet byli zwalniani na pewien czas od podatków. Oczywiście zdarzało się, że dalszą egzystencję i pobyt w danym mieście należało okupić łapówką. Działo się tak jednak dopiero wtedy, gdy Żydzi dłuższy czas zamieszkiwali w mieście i stawali się coraz bardziej „niebezpieczni" jako konkurencja dla chrześcijan, którzy rozmaitymi drogami starali się ich pozbyć lub też ograniczyć ich wpływy. Właściciel miasta zręcznie wówczas wykorzystywał takie sytuacje, chętnie przyjmując łapówki od Żydów pragnących jego poparcia w sporze.

Siemiatycze. Wnętrze Wielkiej Synagogi.
[Interior of The Great Synagogue.]
Fot. H. Struck 1916. M. Verbin Collection.

Pomimo, iż prawo kościelne stało się w XVIII wieku prawem de facto państwowym, powstawanie wielu nowych miast uzależnione było właściwie od osiedlenia się w nich Żydów. Pisał o tym wymownie arcybiskup lwowski Mikołaj Ignacy Wyżycki: „nadużycia pochodzące z pobłażliwości i protekcji dziedziców i panów w sławnej ziemi lwowskiej, doprowadziły do tej swawoli, że gdziekolwiek miasto budują, najprzód kładą fundament bóżnicy..."(Barącz, *Pamiątki miasta Żółkwi*, s.162).

Po upadku Rzeczypospolitej u schyłku XVIII w., nowa administracja carska wydała szereg przepisów regulujących budowę bóżnic. 31.V.1835 ustalono, że zezwolenie może wydać gubernator, musi mieć jednak dostarczone plany. Przepis mówił, że w miejscowościach, gdzie było mniej aniżeli 30 żydowskich domostw, mogła funkcjonować jedna bóżnica; w przedziale pomiędzy 30—80 domami, prócz jednej bóżnicy można było wznieść „szkołę żydowską", a gdy miejscowość liczyła więcej niż 80 domostw żydowskich, na każde 30 domów przypadała jedna bóżnica, a na każde 80 domów „szkoła"(synagoga).

26.VI.1844 uregulowano sprawy lokalizacji bóżnic. Nie mogły być one odtąd wznoszone na tej samej ulicy lub placu, na którym znajdowała się cerkiew (lub planowano jej budowę). Dokładnie określono też minimalne odległości. Najbardziej szczegółowe przepisy budowlane ogłosił car Mikołaj 25.VII.1850 podsumowując dorobek ustawodawczy w tej dziedzinie (A. Harkavy).

The Study of Synagogical Architecture in Poland
(Stan badań nad architekturą bóżnic)

Synagogical architecture started to function as an object of systematic studies in Poland at the end of the 19th century. A number of authors wrote on this subject: M. Bersohn, Z. Gloger, K. Moklowski, A. Szyszko—Bohusz, M. Bałaban, Sas—Zubrzycki, and in the period between the two World Wars — prof. Oskar Sosnowski, Szymon Zajczyk, Jan Glinka and others. In the inter—war period the study group under prof. Sosnowski, from the Institute of Polish Architecture in Warsaw, worked on a large monography on the subject of the synagogue architecture. The outbreak of the Second World War put a dramatic ending to these attempts. Zajczyk, Sosnowski and many others were killed during the War. Almost all synagogues were destroyed, as well as most photographs and archives. Fortunately some photographic and inventory materials remained. On the basis of the remaining materials in 1957 Maria and Kazimierz Piechotka published their book devoted entirely to Polish wooden synagogues — certainly the best book ever published on the subject. The authors have announced their intention to publish a book on Polish brick synagogues. Their book is a real monument to the material culture of Polish Jews.

Architekturą bóżnic na ziemiach polskich zaczęto   interesować się już w końcu dziewiętnastego stulecia. Dopiero od 1889 r. w pracach Komisji do Badań Historii Sztuki w Polsce pojawiały się próby opisania choćby niektórych bóżnic. Pisali na ten temat M.Bersohn (jako pierwszy), Z.Gloger, Sas-Zubrzycki, K.Mokłowski, A.Szyszko-Bohusz, M.Bałaban, Sz.Zajczyk i wielu innych. Szeroko zakrojone prace nad problematyką polskich bóżnic rozpoczęto jednak z chwilą odzyskania przez Polskę niepodległości. Rachunek poniesionych strat w wyniku ponad 100 lat zaborów, jak też i działań I wojny światowej był niezmiernie duży, ale przecież wiele cennych obiektów i synagogalii ostało się.

Wielkim miłośnikiem architektury bóżnic był prof. Oskar Sosnowski, między innymi autor projektu kościoła św. Rocha w Białymstoku, który w ramach prac Zakładu Architektury Polskiej Politechniki Warszawskiej podjął zespołowe badania polegające na tworzeniu archiwum zawierającego fotografie, pomiary, inwentaryzacje i opisy najcenniejszych obiektów kultu starozakonnych. I to właśnie dzięki pracom tegoż zespołu, a przede wszystkim dzięki znakomitym, szczęśliwie zachowanym fotografiom współpracującego z zakładem Szymona Zajczyka, wiele z owych wspaniałych, głównie drewnianych bóżnic „przetrwało" zarejestrowane na błonie filmowej.

Prace Zakładu Architektury Polskiej w Warszawie zmierzały do wydania dużej, zbiorowej pracy poświęconej żydowskiej sztuce sakralnej. Usiłowania te w sposób dramatyczny przerwała II wojna światowa. Zginęli m.in. prof. Sosnowski, Zajczyk i wielu innych. Prawie całkowitej zagładzie uległy polskie bóżnice, w tym wszystkie drewniane. Na szczęście, częściowo zachowały się fotografie oraz materiały inwentaryzacyjne. Na bazie tych dokumentów w 1957 r. małżeństwo Maria i Kazimierz Piechotkowie opublikowali, z pewnością najlepszą jaka ukazała się na świecie, książkę poświęconą właśnie owym drewnianym bóżnicom. W zapowiedziach była praca dotycząca bóżnic murowanych.

Książka Piechotków jest prawdziwym pomnikiem wystawionym kulturze materialnej Żydów polskich. Materiał w niej prezentowany dotyczy w zasadzie stanu przed 1939 r. A przecież już I wojna światowa dokonała wielu spustoszeń w żydowskiej architekturze sakralnej. Z nieukrywanym smutkiem i troską o przyszłość pisał w 1929 r. Majer Bałaban o stratach poniesionych przez kulturę polskich Żydów: „dziś wszystkie historyczne

Dąbrowa Białostocka. Wnętrze synagogi. Aron Ha Kodesz.
[Interior of the synagogue.] Fot. 1916. Dubrowa Synagogue Book.

ziemie Polski powróciły do swego rodzimego pnia, godzi się więc bodaj w zarysie stworzyć sobie obraz tego, co my Żydzi wytworzyliśmy i posiadamy z zakresu starożytności i sztuki na tej ziemi. A posiadamy już niewiele. Niedbalstwo i brak zrozumienia w ogóle, a wojna w szczególności zniszczyła większą część tego, cośmy posiadali i co świadczyło o poczuciu smaku i estetyce u naszych ojców. Najwyższy tedy czas, by się rozejrzeć w tem co zostało, by to niejako zinwentaryzować i przygwoździć... I powiem już na wstępie, że jeszcze czas do ratowania naszych zabytków, lecz jeśli nie uczynimy tego teraz, jeśli już dzisiaj nie zabierzemy się do tej pracy, zginie do reszty wszystko, na co ojcowie nasi pracowali przez dziesięć wieków na tej ziemi...". Pisał też Bałaban o masowym wykupowaniu za bezcen w latach 1920-25 cennych synagogalii, które wyprzedawały zubożałe gminy lub zwykli handlarze.

Na szczęście I wojna światowa nie dotknęła w tym względzie Białostocczyzny. Zagładzie uległo w zasadzie kilka bardziej interesujących pod względem architektury drewnianych bóżnic, między innymi w Surażu i Knyszynie. Wcześniej uległa pożarowi drewniana bóżnica w Choroszczy. Z najbliższych okolic, pozostających w składzie ówczesnego województwa białostockiego spalone zostały drewniane bóżnice w Śniadowie i Jabłonce Kościelnej oraz murowane bóżnice w Ostrołęce i Kolnie. Z kolei drewniana synagoga w Nowogrodzie, w okresie międzywojennym była zamknięta z uwagi na fakt, iż Niemcy podczas I wojny światowej urządzili w niej rzeźnię nierogacizny. Przetrwały natomiast właściwie wszystkie cenniejsze drewniane obiekty w Zabłudowie, Suchowoli, Janowie Sokólskim, Sidrze czy Wasilkowie oraz inne z Wołpy, Piasków, Sopoćkin i Odelska (teraz Białoruska SRR).

W nowo odrodzonym państwie polskim pierwsze urzędy konserwatorskie powołano bardzo wcześnie i już na początku lat 20-tych rozpoczęły swoją działalność. Urzędy konserwatorskie posiadające pewne środki materialne rozpoczęły prace inwentaryzacyjne i renowacyjne, zabezpieczając i ratując od niechybnej zagłady szereg ciekawych i ważnych kulturowo obiektów sakralnych starozakonnych. Osobne starania czyniły też, zubożałe jednak po wojnie większe gminy żydowskie w Polsce oraz rozmaite placówki (Muzeum w Warszawie założone przez Mathiasa Bersohna, Wileńskie Zbiory Towarzystwa Historyczno-Etnograficznego im. Anskiego oraz Muzeum w Starej Synagodze w Krakowie). Największe na tym polu sukcesy odnotowało, zorganizowane w 1926 r. we Lwowie, Kuratorium Opieki nad Zabytkami Kultury Żydowskiej. Kuratorium w porozumieniu z odpowiednimi urzędami konserwatorskimi rozpoczęło szeroko zakrojone prace inwentaryzacyjne na terenie Lwowszczyzny. W tymże 1928 r. zorganizowano we Lwowie wystawę zabytków kultury żydowskiej.

Nieco wcześniej, bo w 1927 r. miała miejsce inna bardzo interesująca wystawa konserwatorska połączona z ekspozycją prac Zakładu Architektury Polskiej przy Politechnice w Warszawie. Wystawa składała się z prezentacji mapy konserwatorskiej (która odnotowywała wstępnie przeprowadzone rozpoznanie i miejsca, gdzie znajdowały się godne konserwacji zabytki), a także z rysunków i pomiarów. Najważniejszym, jak się zdaje, punktem tej wystawy była prezentacja modeli poszczególnych bóżnic, w tym jak wspomniał obecny na niej prof. Bałaban prezentowano modele 14 bóżnic drewnianych województwa białostockiego. Warto odnotować, iż pierwsza wystawa „zabytków żydowskich" odbyła się we Lwowie w 1894 r.

Korycin. Żydowski dom modlitwy.
[Jewish house of prayer.] Fot. 1968 (?) BBiDZ Białystok

The Preservation of Synagogues in Poland

(Opieka konserwatorska nad bóżnicami w Polsce do 1939 r.)

When the Preservation Bureau was established in 1927, wooden and brick synagogues became objects of care and attention of the consecutive conservators. The first conservator was Father Piotr Śledziewski, afterwards the position was taken by Dr Jan Jodkowski (the director of the Museum in Grodno). Already in January 1929 the register of monuments in the Białystok Region contained the brick synagogue from Tykocin and the wooden ones from Suchowola, Zabłudów and Wołpa (now Byelorussian Soviet Republic). In the following years almost all synagogues in the Białystok Region were classified as historical monuments, which meant that they required the conservator's permission for reconstruction or any architectural changes. The renovations which took place were frequently financially supported by the Preservation Bureau. In the preserved documents one can see the shaping of the modern approach to protection and preservation of objects; for example in 1931 the Office of the Governor ordered the renovation of the roofs of the synagogue in Janów recommending the use of traditional materials („under no circumstances should tin be used") due to the historical character of the synagogue.

Drewniane i murowane bóżnice Województwa Białostockiego z chwilą powołania Urzędu Konserwatorskiego w 1927 r. stały się przedmiotem opieki i prawdziwie objawianej troski kolejnych konserwatorów. Pierwszym konserwatorem był ks. Piotr Śledziewski, po nim objął to stanowisko dr Jan Jodłowski urzędujący w Grodnie i będący równocześnie kustoszem tamtejszego muzeum. Jako konserwatorzy białostoccy podpisywali się również dr J.Klus i dr Kakowski. Około 1938/1939 r. w wyniku przeprowadzonych nowych podziałów administracyjnych obszar miasta Grodna został wyłączony z działań konserwatorskich znajdujących się przy Urzędzie Wojewódzkim Warszawskim i został włączony do Urzędu Wojewódzkiego Wileńskiego. W Archiwum Państwowym w Białymstoku zachował się bardzo cenny zbiór dokumentów dotyczących działalności urzędów konserwatorskich województwa białostockiego.

Już w styczniu 1929 r. do rejestru zabytków województwa białostockiego wpisane zostały: murowana bóżnica w Tykocinie oraz drewniane bóżnice w Suchowoli, Zabłudowie i Wołpie (Białoruska SRR). Wpis do rejestru zabytków oznaczał, iż obiekt nie mógł być przebudowywany i remontowany bez zgody konserwatorskiej. Nadto, konserwator mógł wesprzeć takie działania udzielając finansowych wsparć, jak i dostarczając fachowych i kompetentnych rzemieślników, cieśli i inżynierów. Rejestracje przeprowadzano w oparciu o rozporządzenie Prezydenta Rzeczypospolitej z 6.III.1928 r. w przedmiocie opieki nad zabytkami (Dz.U.RP.Nr 29, poz.265). Miesięcznik „Przebój" (czasopismo samorządów i instytucji ubezpieczeń społecznych 1931, kwiecień, nr 4, s.22) podawał iż do rejestru zabytków wpisano także synagogę w Supraślu.

W styczniu 1934 r. za zabytki architektury uznano drewniane bóżnice w Grodnie i Sopoćkinach (ówczesny powiat augustowski, obecnie Białoruska SRR). Miesiąc później, w lutym tegoż roku nastąpiły orzeczenia rejestracyjne dotyczące murowanej bóżnicy białostockiej przy ulicy Sienkiewicza („Pułkowaja Beth Midrasz") oraz drewnianej bóżnicy w Nowogrodzie Łomżyńskim. Charakterystyczne, że dopiero w tym roku, bo 12 grudnia 1934 za zabytek uznano w majestacie prawa Pałac Branickich.

Także w grudniu tegoż roku za zabytki architektury podlegające ochronie, uznano murowane bóżnice w Siemiatyczach i Suwałkach.

W lutym 1935 r. do grupy zabytków wpisano kolejne, drewniane bóżnice w Sidrze, Janowie Sokólskim i Łunnej Woli (obecnie Białoruska SRR) oraz murowane synagogi w Kuźnicy i Goniądzu (łomżyńskie), zaś w czerwcu tegoż roku jeszcze drewniane bóżnice w Odelsku (ówczesny powiat sokólski, obecnie Białoruska SRR) oraz w Izabelinie (ówczesny powiat wołkowyski, obecnie Białoruska SRR). Ks. Stanisław Szyroki w 1936 roku pisał o Żydach z Janowa: „...*mają tu stylową synagogę, stanowiącą zabytek architektoniczny, nad którym urząd konserwatorski roztacza swoją opiekę...*".

Wśród zachowanych spisów zabytków województwa białostockiego figurują także inne obiekty, między innymi: murowane bóżnice w Ciechanowcu, Sejnach, Stawiskach, Grajewie i Goworowie, a także stara bóżnica białostocka z 1718 r. przy ul. Chazanowicza (Szkolnej) oraz drewniane bóżnice w Jedwabnie (łomżyńskie) i Piaskach (ówczesny powiat wołkowyski, obecnie Białoruska SRR). Z pewnością do rejestru zabytkowych obiektów architektury zapisano i inne nie wymienione obiekty, niestety zachowany zespół archiwalny konserwatorski nie stanowi całości i jest fragmentaryczny.

Kuźnica. Wnętrze synagogi. *[Interior of the synagogue.]* Fot. Sz. Zajczyk. 1930 *Żydowski Instytut Historyczny*

W wielu zachowanych dokumentach widać już nowoczesne spojrzenie konserwatorskie na zagadnienie ochrony i ratowania konkretnych obiektów. 2 października 1931 r. dr Raczyński, Naczelnik Wydziału powiatowego w Sokółce pisał: „*Urząd Wojewódzki komunikuje, że ze względu na zabytkowy charakter bóżnicy tej* (Janów Sokólski, przyp. T.W.)... *projektowany remont dachów może być przeprowadzony tylko przy użyciu gontu, ewentualnie impregnowanego, w żadnym zaś wypadku nie może mieć zastosowania blacha. Wobec znacznej wartości bóżnicy w Janowie jako zabytek, zechce Pan starosta roztoczyć nadzór nad ścisłym wykonaniem*

Jałówka. Łaźnia żydowska. [Mikwa.]
Fot. T. Wiśniewski 1987.

niniejszej decyzji i po przeprowadzeniu remontu przesłać do Urzędu Wojewódzkiego sprawozdanie...".

W okresie międzywojennym remontom i rewaloryzacjom poddano także bóżnice w Zabłudowie, Odelsku, Wołpie. W tej ostatniej przeprowadzono restaurację Aron Ha Kodesz, który został przesłany do Warszawy pod nadzór Konserwatora dr. Zygmunta Rokowskiego. Z pewnością działania konserwatorskie były szersze, niestety z braku źródeł i archiwaliów nie możemy wskazać jednoznacznie, które bóżnice poddane były takim pracom.

The Losses of the Jewish Architecture

(Analiza strat architektury
Żydów Białostocczyzny)

During the Second World War most valuable synagogues in the Białystok Region were destroyed, including all wooden ones. Among the more interesting only the synagogues in Tykocin, Orla and Krynki (Caucasian Beth Midrasz) survived. It is estimated that before the War in the area of the three counties („powiaty") — Białystok, Bielsk, Sokółka — there were about 160—165 synagogues, among them about 75—80 brick ones. Out of this only 12—15 still remain, and even this number is not permanent since several of them undergo rapid deterioration due to lack of proper care. Having this in mind it seems reasonable to attempt the reconstruction of at least one wooden synagogue, for instance the one in Zabłudów, because of its particularly valuable character as well as the preservation of necessary measurements, sketches, photographs and inventories.

To co udało się zabezpieczyć, zinwentaryzować, opisać i sfotografować, „zmiotła" nieomalże doszczętnie II wojna światowa, grzebiąc nieodwracalnie większość najwybitniejszych zabytków Żydów Białostocczyzny, w tym wszystkie drewniane bóżnice. I nawet te obiekty, które nie zostały spalone i służyły najczęściej w latach 1939-1941 jako magazyny zbożowe, składy, w momencie wejścia Niemców zgorzały natychmiast lub też zostały rozebrane. Zachowało się natomiast kilka obiektów murowanych, ale i te bez troskliwej opieki i żadnych w zasadzie prac zabezpieczających uległy rozbiórce. Największe takie straty to oczywiście murowane, XVIII- wieczne bóżnice w Krynkach i Jasionówce oraz neoklasycystyczna murowana bóżnica w Knyszynie. Ledwie kilka zdołano zabezpieczyć i uratować, np. w Tykocinie, Orli czy Krynkach (Kaukaski Beth Midrasz).

Wraz z architekturą sakralną wyznawców religii mojżeszowej, zagładzie uległa cała nieomalże substancja ludzka narodu żydowskiego. Dziś jedynym świadectwem wielowiekowego jej tu przebywania i współistnienia, są ogromne „kamienne lasy", czyli żydowskie cmentarze, ale i te z czasem niszczejące i rozkradane maleją, kurczą się, by zostać wreszcie zlikwidowane.

Bez trudności można oszacować skalę strat zabytków architektury żydowskich domów modlitwy, domów studiów religijnych i talmudycznych, czy łaźni rytualnych. Spaleniu lub też rozebraniu uległy wszystkie ciekawsze bóżnice drewniane, za wyjątkiem kilku, niczym nie wyróżniających się, niewielkich domów modlitwy w Sokółce, Białymstoku czy Puńsku (suwalskie). Cudem przetrwała wojnę duża drewniana bóżnica w Narwi, która do 1973 r. służyła jako kino. W tym roku częściowo spłonęła i została rozebrana. Ogrom strat uświadamia nam lektura katalogu „Zabytki architektury i budownictwa w Polsce" województwo białostockie (Seria A, tom VII, Warszawa 1971), który wykazuje na obszarze ówczesnego województwa białostockiego, prawie trzykrotnie większego od istniejącego obecnie, zaledwie kilka żydowskich obiektów sakralnych. Katalog ów został opracowany niedbale i zawiera wiele nieścisłości: nie wykazuje kilku istniejących jeszcze wówczas bóżnic. Na przykład tylko w Białymstoku nie zostały odnotowane 3 bóżnice przy ul.Pięknej, Polnej (Waryńskiego), Branickiego, które to obiekty zasługują ze wszech miar na baczniejszą uwagę. Według moich szacunków przed 1939 r. na terenie Białostocczyzny, czyli mniej więcej trzech ówczesnych przedwojennych powiatów: białostockiego, bielskiego i sokólskiego wraz z Białymstokiem zidentyfikowałem 160-165 bóżnic, z czego około 80 murowanych. Trudno tu podawać bardzo precyzyjne dane, bowiem nie sposób określić czy niewielki pokoik, w którym urządzono salkę modlitewną należy zaliczyć do bóżnicy. W swoim kryterium obliczeniowym kierowałem się podstawowym wyznacznikiem: jeżeli cały budynek służył jako bóżnica, a jego dodatkowe pomieszczenia spełniały funkcje administracyjne i pomocnicze tejże bóżnicy, to taki obiekt kwalifikowałem jako żydowski dom modlitwy. Oczywiście występowały tu poważne różnice, gdyż niektóre obiekty wyróżniały się przepychem i wspaniałą architekturą, podczas gdy inne skromne i niewielkie, nie odróżniały się w zasadzie od innych domów mieszkalnych. W szczególności ubogo prezentowały się bóżnice drewniane w mniejszych skupiskach żydowskich, jak: w Niemirowie, Mielniku, Michałowie, Surażu, czy Narwi.

Ażeby uzmysłowić sobie rozmiar strat, wystarczy stwierdzić, iż z owych 160-165 bóżnic Białostocczyzny do naszych czasów dotrwało ledwie 12-15. Liczba ta ulega zmianie, bowiem nadal niektóre z tych obiektów są rozbierane i niszczone. Taki los spotkał nie tak dawno murowaną bóżnicę w Knyszynie. W moich szacunkach nie uwzględniłem obiektów, które mieściły łaźnie rytualne, wyższe uczelnie religijne czy jeszyboty.

Gdyby pokusić się o analizę strat w aspekcie obiektów cennych

Białystok. Ruiny Wielkiej Synagogi.
[Ruins of the Great Synagogue.]
Fot. 1941. T. Wiśniewski Collection.

Łapy. Budynek murowanej łaźni żydowskiej. [Mikva.]
Fot. T. Wiśniewski 1987.

i niepowtarzalnych, to należy stwierdzić, że za wyjątkiem murowanych bóżnic w Tykocinie, Orli (remontowana) czy też Krynkach (kino) nic więcej „dorzucić" do tej listy nie można. I w tym aspekcie wydaje się także nieodzownym próba rekonstrukcji i odbudowy jednej z ciekawszych drewnianych bóżnic grupy białostocko-grodzieńskiej np. w Zabłudowie tym bardziej, iż zachowane są inwentaryzacje, rysunki pomiarowe i zdjęcia.

W obliczu ogromu strat, wydało mi się celowe uratowanie choćby od zapomnienia, w świadomości mieszkańców naszego regionu (i nie tylko) a także tych byłych mieszkańców — Żydów, którzy przeżyli Holocaust lub też ich potomków, wizerunków owych bóżnic i to zarówno tych pięknych i wspaniałych jak i tych niewielkich i skromnych. Były one bowiem do września 1939 r. stałym elementem architektonicznym pejzażu zarówno dużych miast jak i miasteczek oraz osiedli, a nawet wsi ówczesnego województwa białostockiego.

Wooden Synagogues in the Białystok Region
(Bóżnice drewniane Białostocczyzny)

Wood used to be the main material for building in Podlasie, Mazovia and Lithuania. Out of this material specific wooden architecture came into being, including Jewish houses of prayer. In the area of the Białystok Region till the Second World War many magnificent wooden synagogues existed. The ones in Suchowola, Zabłudów, Janów Sokólski, Bielsk, Sidra or Wasilków particularly deserve to be mentioned. The design and construction of wooden synagogues suggest frequent connection with local urban and rural architecture. In this respect wooden synagogues, despite their originality, belonged to local architecture and frequently resembled Polish manors, houses of rich peasants, inns, wooden churches or rural bath—houses. Wooden synagogues synthesised the achievement and experience of both Christian and Jewish traditions. The War brought destruction to all of them.

Całkowicie odrębnie należałoby potraktować bóżnice drewniane Białostocczyzny zniszczone całkowicie i ograbione podczas II wojny światowej. Jak pisali M.K. Piechotkowie: „*Grupa ta stanowi...zespół najbardziej jednolity wśród zachowanych bóżnic drewnianych...*" (Bóżnice drewniane 1957) i w innym miejscu: „*Wyrafinowanie przestrzenne tych bóżnic i bardzo wysoki poziom rozwiązań konstrukcyjnych... pozwalają na poszukiwanie ich twórców wśród najwybitniejszych architektów epoki...*" (Kalendarz Żydowski 5746).

Głównym materiałem budowlanym zarówno Podlasia, Mazowsza, jak i Litwy było w niegdysiejszych czasach drewno. Zostało ono wykorzystane w sposób kapitalny właśnie w kształtowaniu architektury lokalnej, w tym drewnianych domów modlitwy Żydów. Już przed wojną operowano pojęciem „bóżnice grupy białostocko-grodzieńskiej". Prócz tych znanych, częstokroć fotografowanych i opisywanych, jak bóżnice w Zabłudowie, Janowie Sokólskim czy Suchowoli, na baczniejszą uwagę zasługiwało także wiele innych. Odnotujmy mało znane, drewniane bóżnice w Wasilkowie, Bielsku Podlaskim, Nowym Dworze czy też Gródku. Trudno się zgodzić w tym miejscu z Marią i Kazimierzem Piechotkami, którzy twierdzili, iż powstanie tak dużej ilości drewnianych bóżnic w rejonie Białegostoku i Grodna było wynikiem napływu na te tereny dużej masy biedoty żydowskiej, zwłaszcza w okresie między pierwszym a drugim rozbiorem Polski. Miało się to dokonać jakoby dzięki akcji wysiedleńczej rządu pruskiego i austriackiego. Nic bardziej błędnego. Po pierwsze, większość drewnianych bóżnic, tych rzeczywiście najciekawszych powstało dużo wcześniej aniżeli dokonały się rozbiory Polski. Po drugie, ówczesna akcja wysiedleńcza była w rzeczywistości niewielka i mało skuteczna, wystarczy porównać odpowiednie dane spisowe (patrz statystyka poszczególnych skupisk żydowskich, przy hasłach gmin). Wreszcie na koniec, trudno sobie wyobrazić, aby napływające masy biedoty w tak krótkim stosunkowo czasie zdołały wybudować tak wspaniałe obiekty uposażając ich wnętrza w kunsztowne synagogalia. Należy także zaznaczyć, iż żaden z właścicieli czy dziedziców w owym czasie, z pewnością nie wsparłby finansowo takiej realizacji. Mało także przekonywująco brzmi twierdzenie, iż prawzorem dla tych drewnianych obiektów miała być drewniana bóżnica w Wołpie, tym bardziej, iż wiele z tych obiektów powstało na długo przed jej zbudowaniem. Bóżnica wołpiańska mogła być przedmio-

Sidra. Wnętrze drewnianej synagogi. [Interior of the wooden synagogue.]
Fot. Sz. Zajczyk 1930. Instytut Sztuki PAN.

tem westchnień i zazdrości starszych kahalnych z innych skupisk żydowskich, nie była jednakże wzorem budowlanym.

Żydzi, którzy napłynęli na te ziemie pomiędzy I a II rozbiorem byli najczęściej ogołoceni ze wszelkich majętności. Nigdy też nie zdecydowali się wznosić okazałych obiektów w c z a s a c h t a k n i e p e w-n y c h , bez gwarancji przywilejów. Prawdziwy napływ ludności żydowskiej na tereny ówczesnej Guberni Grodzieńskiej i Obwodu Białostockiego nastąpił dopiero z chwilą utworzenia tzw. „strefy osiedlenia" w 1825 roku.

Bóżnice drewniane powstawały w dwóch, charakterystycznych dla siebie okresach. Pierwszy należy sytuować pomiędzy połową a schyłkiem XVIII wieku. Powstały w tym czasie najwspanialsze obiekty kultu starozakonnych. Nowa fala budowlana nastąpiła w II połowie XIX wieku, kiedy to skupiska żydowskie były stosunkowo najliczniejsze (co nie oznacza iż były zamożne) i duża liczba współwyznawców wymagała wznoszenia obszerniejszych i pojemniejszych świątyń. Powstawały wówczas mało interesujące pod względem architektury, częstokroć niezwykle do siebie podobne budynki. Były to najczęściej proste obiekty kryte dwuspadowym dachem o zwiększonej kubaturze, których cechami charakterystycznymi były przeważnie wysokie, półokrągło zakończone okna oraz babińce sytuowane na galeryjkach w części zachodniej synagogi. Przepisy cerkiewne regulowały warunki budowania tych obiektów. Nie można było np. ich wznosić zbyt blisko cerkwi. Tak było w Surażu, gdzie sprawa budowy nowej bóżnicy przeciągała się latami (1898-1910) właśnie z powodu, iż była ona zlokalizowana nazbyt blisko cerkwi. Podobna sytuacja miała miejsce w Nowym Dworze (1884-1900). Te wszystkie, bardzo liczne bóżnice, najczęściej nie wyróżniały się niczym szczególnym i to sprawiło, że nikt nie zarejestrował ich na błonie filmowej. Przypominając w dużym stopniu lokalne drewniane budownictwo: karczmy, duże chaty czy spichlerze nie interesowały ani historyków sztuki, ani też fotografów.

Za wyjątkiem kilku ciekawych bóżnic murowanych, jak w Tykocinie, Orli, Białymstoku, Siemiatyczach czy Krynkach o charakterze architektury sakralnej Żydów Białostocczyzny, stanowiły przede wszystkim domy modlitwy wznoszone z drewna. Pisał w 1929 r. znakomity fotograf i miłośnik tej architektury Szymon Zajczyk: „...w całej Polsce nie znajdziesz połaci kraju gdzieby na tak małej stosunkowo przestrzeni jak Białostockie, zachowało się tyle starych bóżnic, będących najwspanialszymi pomnikami przeszłości historycznej Żydów w Polsce...". Ogromną zaletą wielu starych drewnianych bóżnic, nie tylko Białostocczyzny, był fakt — jak słusznie zauważył Mathias Bersohn — trwania ich przez wieki w oryginalnym pierwotnym i niezmiennym kształcie. Rzecz dotyczy tych najstarszych. Było to wynikiem m.in. konserwatyzmu starszych gminy, a niekiedy wynikało po prostu z biedy kahału, którego nie było stać na konserwację czy remonty. Inna sprawa, że ten totalny brak zainteresowania dla starych bóżnic był przyczyną popadania ich w całkowitą ruinę, lub też ich rozbiórki, jak to miało miejsce w przypadku starej bóżnicy w Wysokiem Mazowieckiem (woj. łomżyńskie), rozebranej w 1880 r.

Pamiętajmy, iż w czasach Chmielnickiego w latach 1648—1652 wiele wspaniałych, dużo starszych, głównie drewnianych bóżnic z terenów Ukrainy uległo zagładzie. A. Kashtan podaje cyfrę około 1800 drewnianych bóżnic zniszczonych na terenach wschodniej Ukrainy. Hordy kozackie Chmielnickiego, które w XVII wieku całkowicie zrujnowały gminy żydowskie ówczesnej Polski południowo-wschodniej szczęśliwie nie dotarły do terenów województwa podlaskiego, trockiego, czy nowogródzkiego. W Polsce do 1939 r. przetrwało ok. 100—150 ciekawszych drewnianych bóżnic, z których znaczna większość znajdowała się właśnie na terenach sąsiadujących z Białymstokiem i Grodnem.

Sidra. Widok na bimę. [Bimah.]
Fot. Sz. Zajczyk 1930. Instytut Sztuki PAN.

Dlaczego właśnie bóżnice drewniane przeważały w architekturze sakralnej Żydów Białostocczyzny, jak i na obszarze całej Polski? Słusznie pisał T. Chrzanowski: „Ubóstwo naszej ziemi w pokłady kamienne i jej dawne bogactwo leśne nie pozostały bez *wpływu na kształt dziejów naszego narodu...".* Dotyczyło to w równej mierze chrześcijan jak i Żydów. Wzajemne przenikanie było wyraźne. Drewniane bóżnice z grupy białostocko-grodzieńskiej, jak i innych terenów dawnej Rzeczypospolitej należały wyraźnie do rodzimej architektury. W wielu rozwiązaniach i kształcie przypominały polskie dworki szlacheckie, bogatsze kmiece chaty, wiejskie banie, drewniane kościółki, lamusy, świronie czy karczmy. W szczególności architektura wiejskich lub też małomiasteczkowych gmin żydowskich ukazuje te powiązania w sposób wyraźny. Nawet takie rozwiązania jak wysokie dwu- i trzykondygnacyjne dachy, boczne alkierze, liczne facjatki i przybudówki są dawnym echem obronnego charakteru ówczesnych dworków i pałacyków. Bóżnica drewniana była w tym ujęciu wypadkową doświadczeń budowniczych kościołów, cerkwi, ale i ratuszy, dworków i austerii (karczem). Bóżnice drewniane ucieleśniały w sobie syntezę dorobku i doświadczeń, były wyrazem artystycznych i kulturowych tęsknot dwu żyjących obok siebie społeczności. Była to więc próba kształtowania na wskroś swojskiej koncepcji budowlanej, asymilującej i wchłaniającej lokalne realizacje chrześcijan, ale jednak zachowująca swoją wyraźną odrębność i oryginalność. Trudno zaliczyć architekturę drewnianych bóżnic do tego czy innego stylu w architekturze. Nie mieszczą się one ani w kanonie renesansu, ani też baroku, za wyjątkiem bogatych wnętrz przypominających w wielu detalach koncepcje barokowe, a nawet rokokowe.

Niezmiernie trudno wyznaczyć ścisłą granicę pomiędzy architekturą profesjonalną a ludową. Skrupulatna analiza zachowanych do 1939 r. obiektów, przemawia za tym, iż powstawały one przy udziale prawdziwych zawodowców i mistrzów w swoim fachu: ciesiołka, inżynieria, talenty w kształtowaniu i projektowaniu bryły widoczne są w każdym detalu. Ale i była to architektura ludowa, najczęściej o lokalnym odcieniu, nawiązująca do ówcześnie stosowanych rozwiązań konstrukcyjnych, zaskakująca sporą dozą pomysłowości a nawet fantazji we wprowadzaniu licznych śmiałych rozwiązań.

Z drewna budowały przeważnie warstwy słabsze ekonomicznie. Drewniane bóżnice powstawały w małych, choć niekiedy bardzo starych gminach żydowskich. Zarówno Zabłudów, Sidra, Janów Sokólski czy Suchowola to były miasteczka, których ludność kształtowała się w granicach 1500—3000 mieszkańców. Charakterystyczne, że program budowlany wielu drewnianych bóżnic przypominał szereg rozwiązań dotyczących bóżnic murowanych. Różnice występowały w materiale i wielkości obiektów. Zamysły jednak były zbliżone.

The Builders
(Budowniczowie bóżnic)

Unfortunately, in most cases we do not have any record of those architects and builders who, without handbooks, built brick and wooden synagogues in the Białystok region.

We have some information about Mejer Zysman, who created Aron Ha Kodesz in Gródek. The designer of the great brick synagogue in Siemiatycze was probably Szymon Bogumił Zug. The Great Synagogue in Białystok (from 1909) was designed by Szlojme Rabinowicz. The designer of the never built wooden synagogue in Bielsk Podlaski was K. Huber, while gabai Abram Jęczmien started the rebuilding of the synagogue in Brańsk. Candelabrum in the Cytrona synagogue in Białystok was designed and completed by engineer Biskupicki and electrician Jakub Fiszer.

The creators of the synagogues in the Białystok regions — designers as well as craftsmen — confirm high opinion of their skills, particularly concerning builders of wooden synagogues which were often characterized by sophisticated shapes and inventive building solutions (sometimes, as in Zabłudów, without the use of nails).

N ie znamy najczęściej nazwisk owych pracujących bez jakichkolwiek podręczników, posiłkujących się przekazami ustnymi, architektów, projektantów czy majstrów. Z pewnością w większości przypadków byli to Żydzi. Wnętrza wykonywali tylko Żydzi. Z przekazów źródłowych dowiadujemy się ledwie o kilku takich budowniczych bóżnic, zarówno drewnianych, jak i murowanych. Mamy więc wiadomości o Dawidzie Fridlenderze, który budował synagogi w Wyszogrodzie Mazowieckim i Grójcu. Wiemy o Jechudzie Lejbie, który wzniósł synagogi w Przedborzu, Pińczowie, Działoszynie i Szydłowie. Niejaki Dawid murował bóżnicę w Gnieźnie, Hilel Beniamin z Łaska był twórcą bóżnic w Lutomiersku, Złoczowie i Kórniku. Drewnianą synagogę w Mohylewie malował Chaim ben Isaak Segal, a polski Żyd Salomon Sussman, syn kantora z Brodów wykonywał wnętrza w drewnianych bóżnicach w Niemczech: w Kirchheim, Horb, Bechhofen i Unterlimpurg. Synagogę w Maciejowie (Wołyń) budował i dekorował Ezechiel, syn Mosesa z Sokala. Drewniane sklepienia bóżnicy w Gwoździcu malowali Israel, syn Mordechaja z Jaryczowa i Isaac, syn Jechudy Lejba z Jaryczowa. Autorem inskrypcji i malowideł we wspaniałej drewnianej bóżnicy w Chodorowie był Israel ben Mordechaj Lisnicki. Zelman i Chaim, synowie Aarona wykonali z kolei ołtarz w Wysokiej Synagodze w Krakowie. Słyszymy także o chrześcijanach: architekcie Piotrze Rolke, który projektował synagogi w Brześciu Litewskim, o Piotrze Rzymianinie, który zaprojektował jedną z synagog lwowskich, Henryku Marconim autorze projektu m.in. synagogi w Łomży, czy też Francuzie Franciszku Tourelle, który zaprojektował synagogę we Włocławku. Mateo Gucci przebudował synagogę „Starą" w Krakowie. Z całą pewnością Żydzi posiłkowali się niejednokrotnie chrześcijańskimi budowniczymi czy cieślami. Przemawia za tym także fakt, iż wielu możnowładców wystawiając szereg bóżnic, wspierało te poczynania także swoimi architektami i budowniczymi.

Praktycznie nie mamy żadnych danych na temat twórców i autorów, czy rzemieślników, którzy przyczynili się do wzniesienia drewnianych bóżnic Białostocczyzny. Istnieje wzmianka, że w sklepieniu drewnianej bóżnicy w Zabłudowie widniały nazwiska cieśli, którzy ją zbudowali, z czasem jednak napisy wyblakły i zniknęły. Wiemy jedynie o Mejerze Zysmanie z Białegostoku, który był twórcą drewnianego ołtarza w głównej synagodze w Gródku. Był to wielkiej klasy i uznany powszechnie artysta. Wyko-

Bielsk Podlaski. Budowa bóżnicy drewnianej.
[Built of the wooden house of prayer.]
Fot. 1925 (?) Seifer Kehilot Bielsk.

nał on podobne ołtarze dla drewnianych bóżnic w Łunińcu, Kożangorodku i Łachwie na Białorusi. Z kolei drewnianą, jedną z najwspanialszych bóżnic grupy białostocko-grodzieńskiej w Wołpie (obecnie Białoruska SRR) zdobił w rozmaite rysunki i malowidła zwierząt biblijnych Chaim Mejerowicz (1781). Wśród architektów wymieńmy Szymona Bogumiła Zuga projektanta synagogi w Siemiatyczach oraz Szlojme Rabinowicza, który był autorem zrealizowanego projektu murowanej Wielkiej Synagogi w Białymstoku, (została wzniesiona w miejscu starej w latach 1909-1913 przy ul. Bóżniczej-Szkolnej) oraz K. Hubera, autora niezrealizowanego (?) projektu z 1920 r. drewnianej synagogi w Bielsku Podlaskim. Wymieńmy także gubernialnego architekta Romanowa, który przedstawił projekt przebudowy drewnianej synagogi w Gródku z 1893 r. Wiemy także o gabaju Abramie Jęczmieniu, który rozpoczął w 1927 r. przebudowę bóżnicy „Naje Beth Midrasz" w Brańsku. Przebudowę ukończył w 1931 r. stolarz Jankiel Man. Wykonał on m.in. okna i pulpity modlitewne. Z kolei kandelabry w synagodze białostockiej „Cytron Beth Midrasz" projektowali i wykonali architekt inżynier Biskupski i inżynier elektryk Jakub Fiszer.

Trudno zgodzić się z M. i K. Piechotkami, którzy twórców drewnianych bóżnic dzielą na dwie kategorie „zawodowców związanych z organizacjami cechowymi", którzy uprawiali ciesiołkę zawodowo oraz grupę rekrutującą się z lokalnych twórców pracujących na potrzeby własne lub otoczenia i traktujących te zajęcia jako uboczne. Z tego też powodu według Piechotków obok budynków wysokiej klasy powstawały także prymitywne i mało interesujące. Nie można się z tą tezą zgodzić z kilku co najmniej powodów. Przede wszystkim większość twórców drewnianych bóżnic nie należała do żadnego z cechów, bowiem już średniowieczny porządek wykluczył ich na stulecia z udziału w cechach budowlanych. Mamy jedynie informacje o cechach rzeźników (Orla 1735), krawców (Tykocin 1743, Białystok 1777), kuśnierzy (Zabłudów 1757 r.), ale brak jakichkolwiek przekazów o cechach budowlanych i snycerskich. Mieszkając najczęściej w małych lub średniej wielkości miasteczkach twórcy ci nie mieli nawet okazji uczyć się od zawodowych majstrów, bowiem cechy takie na Białostocczyźnie nie istniały. I w rzeczywistości to właśnie owi „lokalni" twórcy nie należący do żadnych cechów byli autorami częstokroć obiektów najbardziej interesujących i odważnych zarówno w sensie konstrukcji, jak też i wystroju wnętrz. W powstawaniu drewnianej bóżnicy udział brali różni specjaliści: jedni zajmowali się jedynie konstrukcją, inni budową ołtarza i bimy, jeszcze inni pokrywali sufity malowidłami i scenami biblijnymi. Twórcy bóżnic grupy białostocko-grodzieńskiej potwierdzają przypuszczenia o dużym ich przygotowaniu technicznym i opanowaniu wielu rzemiosł. Umieli posługiwać się konstrukcjami właściwie inżynieryjnymi, jak dachy łamano-krokwiowe, dachy wielokondygnacyjne itp. Te niekiedy fantastyczne konstrukcje, głównie dachów i sklepień były świadectwem pragnień administracji tych niewielkich i niezbyt zamożnych gmin, skierowanych na zaakcentowanie znaczenia własnego ośrodka. Tym dokonaniem i świadectwem miała być wspaniała drewniana bóżnica.

Drewniane bóżnice wznoszone były najczęściej bez użycia gwoździ. Dopiero od dziewiętnastego stulecia zaczęto stosować nieznane wcześniej klamry metalowe i inne elementy łączące ściany, jak śruby, kotwie czy haki. Gdy murowane bóżnice podpierane były przez grube mury i wspierały się na potężnych szkarpach, to w drewnianych funkcję wzmacniającą pełniły także dobudowywane jeszcze w XVIII wieku boczne sale modlitewne dla kobiet.

Construction Designs
(Rozwiązania konstrukcyjne)

The most frequent construction design of a wooden synagogue in the Białystok—Grodno Region was a square single prayer hall for men, and women's porch usually in the gallery (on the western side or along the southern or northern wall) or as an annex to one side. The contact between women's and men's halls was usually through small barred windows.

The main prayer hall of the synagogue typically had a shingle roof (or one covered with lathings). The roof itself frequently had two, or even three, storeys (as in Suchowola or Janów Podlaski), with cornices protecting the main part of the building against moisture. The roofs often had sophisticated construction (e.g. pent roof).

There were attempts to design the buildings so that they would seem greater in size and recall the tent—like structure of the original houses of prayer. The impression of depth and height was acquired by raising parts of ceilings over bimahs.

Najczęściej spotykanym schematem konstrukcyjnym drewnianej bóżnicy grupy białostocko-grodzieńskiej była jedna, najczęściej kwadratowa w planie, sala modlitewna męska oraz babiniec usytuowany albo na galeryjce, najczęściej w zachodniej części (rzadziej obiegającej także ściany północ-południe), lub też boczne parterowe przybudówki. Babińce występowały w zasadzie w trzech wariantach: w charakterze dobudowywanych później przybudówek bocznych, gdzie kontakt z salą główną odbywał się z reguły poprzez małe okratowane okienka, parawany lub balaski, np. w Zabłudowie. Często także do istniejącego już obiektu dobudowywano obszerne przedsionki od strony zachodniej, frontalnej i w tej części montowano empory na galeryjce. Przykładem jest tu drewniana bóżnica w Wasilkowie. Od końca XVIII wieku i przez cały praktycznie wiek XIX empora stawała się stałym nieodłącznym elementem budowlanym. Wszystkie właściwie drewniane bóżnice posiadały takie galeryjki, jak np. w Bielsku Podlaskim, Boćkach, Kleszczelach i w innych miejscach. Osobne sale modlitewne dla kobiet budowano ze względów rytualnych. Ich konsekwencją było także osobne wejście dla kobiet. Najczęściej z bocznej, nie frontalnej strony. Charakterystyczne dla bóżnic murowanych i drewnianych były wysoko umieszczone okna, przeważnie wierzchołkowo zakończone półkoliście. Szybki w oknach były często kolorowe, z rysunkiem gwiazdy Dawida lub też menory.

Główna sala modlitewna drewnianej bóżnicy kryta była tradycyjnie gontem lub dranicami. Sam dach najczęściej łamany, dwu- a nawet trzykondygnacyjny, jak w Suchowoli, czy Janowie Sokólskim, wsparty był na wysuniętych gzymsach chroniących przed wilgocią zasadniczy zrąb budynku. Często stosowano też dachy pulpitowo-okapowe, które zadziwiały również mnogością kombinacji, licznymi załamaniami i uskokami. Stosowano je głównie do przykrycia przedsionków i babińców. Pod dachem przechodziły mniej lub bardziej ozdobne fryzy. Poszczególne ornamenty fryzu tworzono poprzez nabijanie patyczków i deseczek. Takie gzymsy niektórych bóżnic jak w Zabłudowie czy Janowie Sokólskim miały szczególnie dekoracyjny charakter.

W obszernym przedsionku drewnianej bóżnicy znajdowały się liczne pomieszczenia administracyjne gminy żydowskiej. Często, w którejś z mniejszych, dodatkowych salek, znajdowała się osobna sala modlitw lub szkółka religijna dla dzieci, cheder, jak np. w Korycinie, Boćkach.

Janów Sokólski. Widok na bimę. [Bimah.]
Fot. Sz. Zajczyk 1930. (?) Instytut Sztuki PAN.

Niektóre bóżnice Białostocczyzny — Tykocin, Zabłudów, Suchowola, Knyszyn (stara) — posiadały sale modlitewne męskie, zagłębione poniżej poziomu zewnętrznego. Takie zjawisko można zaobserwować także wśród innych synagog polskich. Wynikało to prawdopodobnie z faktu, iż budowniczowie pragnęli powiększyć wysokość głównej sali modlitewnej bez przekroczenia krępujących przepisów kościelnych, ograniczających wysokość bóżnicy. Być może wiązało się to także z przepisami dyktowanymi przez Pismo Święte. Jeden z jego wersetów mówił (Psalm 29): „Z głębokości wołam do Ciebie, Panie!" Prawdopodobnie taki sam cel miało podnoszenie poziomu przedsionków w niektórych bóżnicach, aby wywołać później wrażenie zstępowania w dół. Zagłębienia sali modlitewnej dotyczyły praktycznie wszystkich drewnianych bóżnic Białostocczyzny z okresu staropolskiego, ale także z XIX wieku. Dla drewnianych bóżnic tego stulecia, jak w Gródku, Nowym Dworze, Surażu poziomy sali głównej były wyraźnie niższe od przedsionków, aczkolwiek w zasadzie równe poziomom zewnętrznym, gdyż obniżenie sali głównej w stosunku do poziomu zewnętrznego, spowodowałoby zniszczenie zagłębionych w ziemię drewnianych konstrukcji. Podobna sytuacja dotyczyła bóżnic osiemnastowiecznych. Jak do piwnicy wchodziło się ponoć do „najgłębszej" bóżnicy Białostocczyzny, a mianowicie do drewnianej bóżnicy w Bielsku Podlaskim, najstarszej w mieście,

Janów Sokólski. Aron Ha Kodesz. Fot. Sz. Zajczyk 1930. Instytut Sztuki PAN.

zwanej „Icł's Beth Midrasz". Wyraźnie schodzi się w głąb w murowanej synagodze w Tykocinie i trudno to zjawisko tłumaczyć np. podniesieniem się przez wieki poziomu ulic.

Próby mające na celu wywołanie odczucia wysokości, „głębokości" obiektów czyniono również w górnych partiach bóżnicy, gdzie nad bimą następowało wydźwiganie sufitów, np. w Zabłudowie, Suchowoli czy Janowie Sokólskim. Potęgowało to wrażenie przestrzenności obiektów i przypominać miało namiot pierwotnej świątyni. Sklepienia polichromowane z motywami wijących się roślin, symbolicznych zwierząt, lewiatana, instrumentów muzycznych i widoków różnych miast, przypominały fantastycznie konstruowany „nieboskłon marzeń i cytatów Pisma Świętego". Niektóre bóżnice miały rzadko spotykane kolebkowe dachy (Gródek, Hajnówka, projekt w Supraślu).

W większości miasteczek i osad Białostocczyzny, gdzie istniały nawet najmniejsze skupiska żydowskie, funkcjonowały także niewielkie bóżnice chasydzkie, klausy. Chasydzi regionu białostockiego modlili się przeważnie w prywatnych domkach lub też przybudówkach, które nie wyróżniały się niczym szczególnym. Byli oni zwolennikami rabinów i znanych chasydów ze Słonimia, Kobrynia, Radunia, Wołoszyna i Stolina, Miru, Różana czy Karlina, a zatem pochodzących przeważnie z ziem kresowych II Rzeczypospolitej. Materiał ilustracyjny prezentuje jedynie odtworzony wiernie na podstawie planów i rysunków chasydzki dom modlitwy w Tykocinie wzniesiony w II połowie XIX wieku oraz murowaną chasydzką bóżnicę w Krynkach. Prócz rzutów obiektu w Tykocinie, zachowała się także jego boczna elewacja. Nie należy się jednak dopatrywać osobnego stylu w architekturze klausów, bowiem okazuje się, iż budynek ten został dopiero w 1899 r. wynajęty na chasydzki dom modlitwy, a nie budowany z takim zamysłem. Generalnie chasydzkie bóżnice urządzane były w prywatnych domach, w których przeznaczano jedną z izb na modły, a w przypadku, gdy euforia i ekstaza modlących się osiągała wysoki poziom, wówczas wszystkie pomieszczenia takiego domu, nawet dziedzińce, gdzie modlono się, tańczono i śpiewano religijne pieśni, stawały się „boże".

The Sites of Synagogues
(Lokalizacja bóżnic)

In its size a synagogue was designed to dominate over the roofs of other Jewish houses. Most frequently it was located in the center of the Jewish quarter, near the river, pond or lake. The Jewish quarter with the main synagogue was usually initially away from the Christian district. However in the 19th century, the borders between districts inhabited by various religious groups became less pronounced.

Thus in case of Białystok in the second half of the 19th century, with the increase in size of the Jewish community, the distinct location of their quarters became less common and synagogues were built in various places with the purpose of serving Jews living in different parts of the city.

The synagogue was a religious as well as an economic center of the Jewish community. Frequently it was surrounded by markets or, as in Tykocin, shops and stalls were added to the walls of the synagogue.

Some synagogues were located in orchards or gardens, as in Nowy Dwór, Bielsk Podlaski, Starosielce, Korycin and Supraśl.

Przepisy Talmudu nakazywały orientowanie bóźnic ścianą ołtarzową w kierunku wschodnim, a także takie jej zlokalizowanie, aby obiekt ów górował nad dachami dzielnicy żydowskiej. Nie zawsze tak było, bowiem inny z przepisów domagał się, aby bóźnica usytuowana była w bliskości zbiornika wodnego, rzeki, strumyka, stawu czy jeziora. Tak było np. w przypadku drewnianych bóźnic w Surażu, Gródku czy Narewce. Bóźnice te lokalizowano najczęściej nad rzeką i naturalną koleją stawały się „niższe" w poziomie od pozostałych domostw dzielnicy żydowskiej. Bliskie sąsiedztwo zbiornika wodnego miało zabezpieczyć obiekt przed spaleniem. Niektóre żydowskie święta religijne i obrządki wymagały także sąsiedztwa wody, jak na przykład Święto Trąbek.

Wschodnia orientacja dotyczyła także lokalizacji dzielnic żydowskich w konkretnych miastach i miasteczkach. Tradycja ta jednak, aczkolwiek zauważalna przy analizie planów miast, ustąpiła jednak zasadom dyktowanym przez życie. Dzielnica żydowska wraz z centralną bóźnicą położona była przeważnie po przeciwległej stronie, najczęściej rynku, aniżeli dzielnica chrześcijańska. Klasycznym przykładem może być Tykocin, gdzie obie dzielnice oddzielone są od siebie w symetryczny sposób dwoma rynkami; także cmentarze — chrześcijański i mojżeszowy znajdują się odpowiednio we wschodniej i zachodniej części miasta. Sytuacja ta jednak nie miała charakteru modelowego i schematy te uległy zatarciu w okresie porozbiorowym. W okresie rozbiorów, cmentarze różnych wyznań były blisko siebie, oddalone jednak znacznie od centrum osad. Generalnie jednak dzielnica żydowska, a wraz z nią główna bóźnica zawsze była oddzielona od chrześcijańskiej, katolickiej czy prawosławnej części miasta.

Charakterystyczne, że wraz ze wzrostem znaczenia skupiska żydowskiego, centrum miasta przesuwało się coraz bardziej w jego stronę. Rynki żydowskie stawały się z czasem centralnymi rynkami a dawno lokowane, stare rynki, stawały się rynkami de facto żydowskimi. Tak było np. w Krynkach, Dąbrowie Białostockiej gdzie w XIX wieku lokalne kościoły zaczęły się jakby „oddalać" od miasta skutkiem wyludnienia się strony chrześcijańskiej miasta. Do dziś można zaobserwować, iż kościoły murowane tych miast i wielu innych stoją jakby osamotnione i na uboczu.

Wiele drewnianych bóźnic, w szczególności w mniejszych skupiskach żydowskich, było jakby „odsuniętych" od przylegających rynków i ulic. Przed drewnianymi bóźnicami w Niemirowie, Jałówce, Korycinie czy Starosielcach znajdowały się niewielkie placyki. Wynikało to z przeświad-

Zabłudów. Wnętrze drewnianej synagogi. [Interior of the wooden synagogue.]
Fot. Sz. Zajczyk 1929. Instytut Sztuki PAN.

czenia, iż żydowski obiekt sakralny należy odseparować od gwaru ulicznego i nazbyt bliskiego sąsiedztwa rynku, a także zabezpieczyć przed intruzami i ciekawskimi. Na takim placyku odbywały się także czasami niewielkie jarmarki, a niekiedy teren taki uzyskiwał nazwę żydowskiego rynku i rozrastał się w rozległy plac, na którym prawie zawsze znajdowała się studnia.

Drewniane bóżnice stały w większej odległości od innych, sąsiadujących budynków. Podyktowane to było troską o bezpieczeństwo bóżnicy w przypadku groźby pożaru i przeniesienia go z pobliskich palących się budynków. Dodatkowym zabezpieczeniem miała być bliska najczęściej obecność zbiornika z wodą.

Większe i mniejsze placyki znajdowały się także przed bóżnicami murowanymi, jak np. w Supraślu, Boćkach czy Krynkach (Wielka Synagoga).

Cechą charakterystyczną wielu bóżnic Białostocczyzny była ich częsta lokalizacja wśród ogrodów. Już Harkavy zauważył, że synagoga

Zabłudów. Drewniana bima. [The wooden Bimah.]
Fot. Sz. Zajczyk 1929. Instytut Sztuki PAN.

113

w Nowym Dworze w 1561 r. usytuowana była w ogrodzie warzywnym. Należy przypuszczać, że ogród ów przeznaczony był dla służki-szkolnika lub stróża najczęściej pobliskiego cmentarza. Ogród mógł pełnić także inną rolę. Synagoga bielska „Jefe Einaim" otoczona była ze wszech stron, za wyjątkiem frontonu, sadem i ogrodem. Był to właściwie mały park z kilkoma ławkami. Służył jako miejsce odpoczynku a także jako „poczekalnia" dla tych, którzy do bóżnicy nie zdołali wejść (relacja Mina Flikier). Ogrody i sady można było spotkać w sąsiedztwie wielu religijnych ośrodków życia żydowskiego. Istniały one wokół synagog w Korycinie, Supraślu, Starosielcach. Wydaje się, że pełniły jeszcze inną rolę: zabezpieczały także obiekt kultu wyznawców religii mojżeszowej przed nazbyt wielką ciekawością osób postronnych i chrześcijan. Często też obok bóżnic znajdowały się niewielkie, stare cmentarzyki żydowskie. Tak było na przykład w Orli, Jasionówce, Dąbrowie Białostockiej czy Jałówce. Były one już przed II wojną światową nieczynne.

Ciekawostką był fakt, iż niektóre dzielnice żydowskie lokowano na terenach byłych królewszczyzn: zamków i dworów, które podupadły i stając się ziemią niczyją były kupowane przez Żydów. Na przykład cmentarz żydowski w Knyszynie powstał na obszarze byłego zamku Zygmuntowskiego, a konkretnie na terenie byłych królewskich sadzawek, dzielnica żydowska w Brańsku powstała na początku XIX wieku znajdowała się w miejscu dawnego kompleksu dworsko-królewskiego, kancelarii i stajni podworskich itp. Podobnie było w Łomży, czy w Goniądzu, gdzie synagogi pobudowano na terenach po byłych zamkach.

Customs and Differences
(Specyfika, zwyczaje i odrębności)

Despite identical prayers and the calendar of religious holidays, within the Jews of the Białystok region there were many differences with respect to customs, habits and religious influences of various rabbis. Orthodox Jews from Orla and Tykocin dressed and behaved quite differently than „modern" Jews from Sokółka and Tykocin. Orthodox Jews strictly abided by Torah and Talmud: there were cases of surrounding the whole Jewish quarters with wire fence during Sabbath (e.g. Korycin). Another interesting custom was observed in Zabłudów: the synagogue there was so old that holes which appeared in the walls were stuffed with old tallits. It was an honour for a Jew when his tallit was used in this manner. In the 1920s, however, the newly organized Preservation Bureau ordered the removal of tallits as they increased the danger of fire.

In the Polish language version of this book many other interesting customs among the Jews of the Białystok region are presented.

Pomimo identycznego programu modlitw, koncepcji wnętrz bóżnic i podstawowych urządzeń bóżnic, Żydzi aszkenazyjscy, tj. zamieszkujący ziemie wschodniej i centralnej Europy różnili się między sobą, a to głównie na wskutek lokalnych przyzwyczajeń, obyczajowości, czy przypadkowych i nieoczekiwanych wpływów miejscowych rabinów. Także wśród skupisk żydowskich Białostocczyzny istniały odmienności, niekiedy tak dalece przeciwstawne, iż „kulturalni" Żydzi z Supraśla, Sokółki, czy Białegostoku różnili się wychowaniem, atmosferą środowiska i stylem życia od bardzo religijnych i ortodoksyjnych Żydów z Orli, Zabłudowa czy Korycina.

Synagoga nie tylko była miejscem kultu, była także punktem orientacyjnym centrum gminy żydowskiej. Była częstokroć „ratuszem" skupiającym życie handlowe gminy żydowskiej. Na przykład w Tykocinie, wokół synagogi od jej zachodniej strony dobudowano cały kompleks sklepów i kramów. Podobna sytuacja miała miejsce w synagodze w Kiejdanach na Litwie. W tym wypadku kramiki i sklepy pełniły także rolę ogrodzenia i zabezpieczenia bóżnicy.

Większość bóżnic Białostocczyzny była czynna w każdy dzień, za wyjątkiem tych, które w powszechnym odczuciu miały charakter głównych bóżnic: „Grojse Szul" lub „Alter Szul" czyli Wielka Synagoga lub też Stara Synagoga. Te obiekty uzyskiwały z czasem charakter szczególnych obiektów sakralnych i czynne były jedynie w soboty, ważniejsze święta religijne i państwowe. Do takich bóżnic należała Główna Synagoga w Tykocinie, Orli, Krynkach, Sokółce i oczywiście w Białymstoku.

W tych to właśnie głównych bóżnicach odprawiane były w czasach carskich modlitwy za pomyślność kolejno panujących carów, zaś w okresie międzywojennym podczas świąt 3 Maja, 11 Listopada odbywały się uroczyste nabożeństwa za pomyślność Marszałka, Prezydenta i II Rzeczypospolitej. Takie nabożeństwa odbywały się we wszystkich synagogach Białostocczyzny, za wyjątkiem mniejszych bóżnic czy też bóżnic chasydzkich. Mamy wiele przekazów dotyczących tych uroczystości. Jak donosił tygodnik „Prożektor" (z 1926 r. nr 19,) 3 maja w Wielkiej Synagodze w Białymstoku odbyło się uroczyste nabożeństwo. Wszystkich przybyłych gości witał przed synagogą rabin miejski dr Gedali Rozeman. Przybyli m.in. wojewoda i wicewojewoda Białegostoku, prezydent miasta, komendant Policji Państwowej, pułkownicy i inni pracownicy najwyższego aparatu władzy II Rzeczypospolitej. Przy poświęceniu w 1936 r. synagogi białostockiej „Cytron Beth Midrasz" obecni byli przedstawiciele społeczności żydowskiej i chrześcijańskiej. Na uroczystość przybył wojewoda i prezydent miasta, starosta miejski i powiatowy, komendant garnizonu oraz urzędnicy. Było żelazną zasadą całego okresu międzywojennego uczestnictwo w takich szczególnych nabożeństwach w synagogach Białostocczyzny reprezentantów najwyższych władz lokalnych samorządów. W okresie zaborów sytuacja była inna. Modlitwy za pomyślność cara były odmawiane, ale bardzo często bez udziału władz, za wyjątkiem szeregowego „stupajki".

Uroczystości takie miały raczej charakter świecki, po krótkich patriotycznych przemówieniach, śpiewano hymn „Jeszcze Polska..." oraz hymn żydowski „Hatikwa" (Nadzieja). W Wielkiej Synagodze grała podczas takich świąt połączona reprezentacyjna orkiestra Gimnazjum Hebrajskiego i Szkoły Rzemieślniczej pod dyrekcją Szkolnikowa. Podobne uroczystości odbywały się w całej Polsce, a zapoczątkował je w 1794 r. Tadeusz Kościuszko, który wygłosił w Starej Bóżnicy w Krakowie płomienne przemówienie wzywając Żydów do walki o wyzwolenie.

Inną cechą charakterystyczną dla obyczajowości ortodoksyjnych Żydów Białostocczyzny było grodzenie podczas szabasów całych kwartałów osad a niekiedy, jak to było w przypadku Korycina i nieodległego miasteczka Trzcianne (obecnie łomżyńskie), drutem ogrodzono symbolicznie (na pewnej wysokości) wszystkie uliczki wlotowe do miasteczek. Ten zwyczaj przybierał nieraz duże rozmiary. Jak cytuje „Jutrzenka Białostocka" (1932, nr 12) podczas szabasu Żydzi ogrodzili drutem całe miasteczko Dukszty (Litwa, powiat święciański, woj. wileńskie). Ten zwyczaj do dziś — oczywiście w całkowicie nowych warunkach — zachował się wśród Żydów ortodoksyjnych mieszkających w Ameryce i Izraelu. Podczas szabasu dzielnica Nowego Jorku, Brooklyn, i ortodoksyjna dzielnica Tel Awiwu, Bnei Brak są zamykane specjalnymi szlabanami, aby żaden pojazd nie przejechał przez ten teren. Grodzenie niektórych uliczek podczas szabasu, głównie zamieszkałych przez Żydów miało miejsce w Zabłudowie i Orli oraz innych miasteczkach, przybierając charakter raczej symboliczny. Osobno grodzone były także synagogi, przeważnie od strony wschodniej (ściana Aron Ha Kodesz). Wynikało to z obaw przywódców gminy przed zakłóceniem modlitw poprzez zaglądanie do okien itp. Takie stałe zabezpieczające płoty i barierki obecne były wokół bóżnicy w Tykocinie, Orli, Białymstoku („Pułkowa"), Janowie Sokólskim, Sidrze, Suchowoli a w najbliższym sąsiedztwie w Grodnie, Śniadowie, Łunnej Woli, Sopoćkiniach. Niektóre bóżnice przeważnie drewniane, które sąsiadowały blisko z rynkiem lub graniczyły z ulicą prowadzącą do rynku, obkładane były na rogach dużymi kamieniami. Kamienie takie pełniły funkcje ograniczników dla przejeżdżających furmanek. Zabezpieczały także obiekt przed uszkodzeniem. Takie kamienie spotykamy przed bóżnicami w Zabłudowie i Suchowoli. Być może służyły one do rozbijania pustych kieliszków podczas uroczystości weselnych po wyjściu z bóżnicy. Często funkcję owych ograniczników pełniły także wspomniane wcześniej płotki i kołki.

Jeden z zapisów Talmudu powiadał, iż nie można było burzyć synagogi, nawet gdy jest ona w bardzo złym stanie, a gdy już rzeczywiście obiekt całkowicie się rozpadał, to po rozbiórce puste po niej miejsce stawało się miejscem świętym, nie można go było sprzedać ani nawet darować materiału z niej. Nie można też było w tym miejscu wznosić nowego obiektu. Jedynie w przypadku spalonej bóżnicy w Choroszczy mamy informację, iż miejsce po tym obiekcie przez 250 lat było zadbane i otoczone palikami. W rzeczywistości po rozbiórce czy też spaleniu starej bóżnicy nową wznoszono w tym samym miejscu. Spowodowane to było faktem, iż częstokroć nie było po prostu innego placu, a ewentualna zamiana placów w grę nie wchodziła, bowiem nikt nie chciał się budować na placu po spalonej bóżnicy (nikt z Żydów).

A.Harkavy przywołuje także wydarzenie, które miało miejsce w synagodze, a które było repŕezentatywne jako zjawisko dla większości synagog Białostocczyzny. Otóż w 1542 r. wspomina się o synagodze w Bielsku Podlaskim, w której to bielski Żyd Icko Szlomowicz był zmuszony wygłosić uroczystą przysięgę, że nie brał udziału w zamordowaniu pewnego Niemca. Przysięga odbyła się w bóżnicy, w głównej sali modlitewnej przed ołtarzem i tablicą z dekalogiem mojżeszowym oraz w obecności deputowanego szlachcica Iwana Radońskiego.

Ciekawy zwyczaj zachował się aż do II wojny światowej w Zabłudowie. Synagoga zabłudowska była tak stara, że powstałe w drewnianych ścianach szczeliny zatykano starymi tałesami. Był to zaszczyt dla Żyda, gdy jego właśnie tałesem zatkano szparę. Zaszczytu tego dostąpić mógł jednak tylko taki Żyd, który całym swoim życiem dowiódł, iż był „blisko Boga". Dowodem na to miał być m.in. zniszczony i sfatygowany tałes. Ten zwyczaj funkcjonował także w innych starych, głównie XVIII—wiecznych bóżnicach, jak w Suchowoli czy Wołpie (Białoruś). Gdy zostały powołane w latach 20-tych okresu międzywojennego Urzędy Konserwatorskie,

Bielsk Podlaski. Budynek starej łaźni. [Mikva.]
Fot. 1955. T. Wiśniewski Collection.

nakazano usunąć upchane tałesy ze względów bezpieczeństwa przeciwpożarowego.

Zasadą było, iż w głównej bóżnicy znajdowały się sale modlitewne dla mężczyzn i osobne dla kobiet, albo na pięterku lub też w osobnych przybudówkach. Do wyjątków należała w tym względzie główna stara synagoga w Boćkach. Otóż od 1897(?) roku jej część żeńska, tzn. niewielka galeryjka dla kobiet została całkowicie zamknięta i zabudowana. Była to bóżnica tylko dla mężczyzn (aż do 1939 r.). Kobiety modliły się w osobnej nowo wzniesionej bóżnicy wraz z młodymi mężczyznami i kawalerami. Stara bóżnica była jedynie dla starszych, poważanych i religijnych Żydów z Bociek. Podobnie było w przypadku najstarszej synagogi białostockiej. (Patrz M. Goławski, *Białystok...* Białystok 1933, s. 34)

Zupełnie niezwykle odbywały się śluby w głównych synagogach w Boćkach i Gródku. Otóż po ślubie gdy młoda para wychodziła z synagogi rzucano pod nogi ziemniaki i szyszki. Mało znany zwyczaj miał miejsce z kolei w Supraślu. Po opuszczeniu synagogi kilku najbardziej pobożnych Żydów udawało się nad pobliską rzekę aby odmówić „nabożeństwo" przeciwko... świniom.

Warto odnotować, iż wiele bóżnic, szczególnie z okresu staropolskiego, fundowali właściciele miast i osad a nawet, co należało do rzadkości — głównie w XIX wieku — chrześcijańscy fabrykanci. Na przykład synagoga w Siemiatyczach fundowana była przy czynnym udziale ks. Anny Jabłonowskiej, drewniana bóżnica w Janowie Sokólskim została zbudowana przy wydatnej pomocy Sapiehów. Murowana synagoga w Supraślu wzniesiona w połowie XIX wieku sfinansowana była w dużej mierze przez miejscowego bogacza, Niemca Bucholtza. Hrabia Potocki podarował ze swoich lasów koło Rudki dużą ilość drewna na budowę jednej z brańskich bóżnic (Szneider Beth Midrasz). Budowę Wielkiej Synagogi białostockiej z 1764 roku wsparła żona hetmana Branickiego. Umywalki do synagogi w Siemiatyczach podarowała właścicielka miasta Anna Jabłonowska, a kolumnę z puszką kwestorską baron Meizner. Przykłady można mnożyć

(Sejny, Krasnopol), z braku jednakże konkretnych źródeł musimy poprzestać na stwierdzeniu, iż wiele bóżnic, szczególnie w okresie przedrozbiorowym powstała przy wydatnej pomocy właściciela miasta.

Często na frontonach wielu bóżnic były hebrajskie napisy. Na frontonie murowanej bóżnicy w Orli widniał napis: *„O jakimże lękiem napawa to miejsce! Nic to innego tylko dom Boży"* (Księga Rodzaju 28, 17). Identyczny napis znajdował się na frontonie jednej z bóżnic w Sokółce.

Z relacji wynika, iż na frontonach (lub przy wejściach) innych bóżnic Białostocczyzny, również były napisy. W szczególności na tych mniejszych, prywatnych czy cechowych umieszczano nazwiska fundatorów bóżnic. Tak było w Brańsku, Bielsku Podlaskim, Supraślu.

Wiele bóżnic polskich, w szczególności tych z okresu staropolskiego miało oświetlenie od ściany wschodniej w postaci latarenek (Kożangorodek), najczęściej dwóch stojących przed wejściem (Janów Trembowelski). Takie latarenki znajdowały się przed bóżnicą w Orli, Milejczycach i prawdopodobnie w Krynkach i Siemiatyczach.

Sądy w synagogach, dotyczące poważnych występków (te największe to nie kryminalne, lecz religijne) miały bardzo uroczysty charakter. Częstokroć zdarzało się, że oskarżony przebywał poza miastem, ale i tak dosięgała go złowroga klątwa tzw. Chejrem. Z przekazów i relacji wiemy jedynie o sądach potępiających różnych bezbożników, które miały miejsce dość często w Białymstoku, ale także i w Tykocinie, Surażu, Siemiatyczach i innych osadach. W synagogach ogłaszano także symboliczną „śmierć" tych Żydów, którzy wyrzekli się religii mojżeszowej na rzecz chrześcijańskiej.

Spośród tych bóżnic, które uległy zniszczeniu podczas II wojny światowej, najcenniejsze, głównie drewniane spalili Niemcy. Dużą część spalili Żydzi zmuszeni do tego przez Niemców pod groźbą śmierci. Kilka zostało rozebranych przez niemieckich okupantów lub okoliczną ludność (Sokółka, Bielsk Podlaski, Michałowo, Kleszczele), po wysiedleniu lub wymordowaniu Żydów. Zdarzyło się tak, że synagogę zniszczyli sami Żydzi. Tak było w Narewce, gdzie bolszewicy zamienili żydowską świątynię na magazyn żywnościowy, co doprowadziło do wzburzenia ludności wierzącej i dlatego też obiekt ów został spalony. Tuż przed I wojną światową w Narwii wybuchł pożar, który miał się zacząć według miejscowych przekazów od podpalenia bóżnicy przez rozbrykaną młodzież żydowską. (inf. B. Czarnockiej, ks. P. Popławski). Jedną z bóżnic białostockich podpalili także Żydzi, ale w ramach prowadzonej akcji bojowej podczas zrywu powstańczego w getcie.

Podsumowując charakterystykę drewnianych bóżnic Białostocczyzny należy stwierdzić, iż obiekty ciekawe i interesujące powstały w okresie staropolskim, zaś w dobie Polski porozbiorowej powstawały bóżnice mało interesujące, podobne do siebie i niekiedy nie odróżniające się niczym szczególnym, a nawet przypominające lokalne budownictwo drewniane. Dlaczego tak się działo? Wydaje się, że mimo iż w XIX wieku skupiska żydowskie wzrosły w siłę i liczebność, to jednak generalnie przedstawiciele kahałów i starsi gmin nie identyfikowali się z sytuacją porozbiorową, przeczuwając w niej niepewną egzystencję, brak konkretnych gwarancji oraz wyraźnie złą wolę nowych władców. Niepewność egzystencji potęgowały liczne carskie rozporządzenia, z których najdotkliwsze wydaje się być stworzenie „strefy osiedlenia" i napływ na tereny zachodnich rubieży cesarstwa, w tym Białostocczyzny, mas żydowskich, które nie asymilowały się i tworzyły obcą siłę wśród ludności, a nawet wśród samych Żydów. Ta sytuacja spowodowała, iż „ostrożnie" wznoszono nowe obiekty, w szczególności w niewielkich gminach żydowskich. Działo się tak zresztą na terenie wszystkich ziem polskich objętych zaborami. Jedynie murowane bóżnice, głównie w dużych skupiskach, jak np. Białystok, wznoszono przy udziale dużych środków finansowych. Z drugiej strony należy podkreślić raz jeszcze jedną podstawową kwestię. Otóż Żydzi mieszkający w Polsce przedrozbiorowej dzięki korzystnym warunkom osiedleńczym zdołali sformułować swój własny, osobliwy i niepowtarzalny program budowlany drewnianych bóżnic, podczas gdy taki program nie został wypracowany w krajach Europy Zachodniej czy Środkowej. Powstające bóżnice drewniane na ziemiach polskich nawiązywały do lokalnego kolorytu drewnianych budowli świeckich i sakralnych tworząc jednak swój odrębny i oryginalny wyraz. Stało się to dzięki niekonfliktowemu współdziałaniu, współistnieniu i przenikaniu polskiej sztuki ciesielskiej i żydowskiego programu przestrzenno-liturgicznego. Jak silne w gruncie rzeczy były powiązania architektury drewnianej bóżnic z realizacjami lokalnymi, zarówno świeckimi jak i sakralnymi łatwo można zaobserwować analizując materiał ilustracyjny w książce „Materiały do Architektury Polskiej, Wieś i Miasteczko", t. I, która została wydana w 1916 r. w Warszawie nakładem Towarzystwa Opieki nad Zabytkami Przeszłości, gdzie obok bóżnic drewnianych widzimy także karczmy, lamusy, dworki, małe kościółki wykazujące podobieństwa konstrukcyjne i kompozycyjne.

Rural Jews
(Żydzi wiejscy)

In the Białystok Region Jews lived also in
some villages. Usually these were families
which ran shops or inns. There were also
Jewish villages created as a result of the
Jewish settlement in the 19th century. Among
the better known ones there was Kolonia Izaaka (Issac's Colony) near Odelsk, or the village
Palestyna, existing till today. In the period
between the two World Wars the movement
towards farming among Jews gained popula-
rity. Numerous rural colonies were organized
by kibutz societies. Their task was to prepare
Jews for farming in Palestine. The 1921 census revealed a number of Jewish communities
in the rural areas of the Białystok Region. In
some villages there even were small prayer
halls, as in Czarna Wieś Białostocka. These
symbolic synagogues were used for daily religious observations, while more important holidays were celebrated by going to larger town
synagogues.

O prócz omówionych ogólnie gmin żydowskich Białostoczyzny, na jej terenie występowały także mniejsze skupiska żydowskie nie tworzące najczęściej gmin ani przykahałków, a będące raczej „wysepkami" powstałymi na wskutek prowadzenia sklepiku, szynku, hotelu, czy też niewielkiego przedsiębiorstwa. Należy także pamiętać, iż kilka istniejących w XVII-XVIII wieku gmin żydowskich, w okresie międzywojennym już nie istniało. Upadły lub zanikły gminy żydowskie w Niewodnicy Kościelnej (1578), Topczewie Kościelnym (1787), Wyszonkach (1735), Olszewie (1750). Odsetek Żydów wiejskich na Podlasiu u schyłku XVIII wieku wynosił 55% ogółu, przy średniej dla Korony 26,9%. Gminy wiejskie posiadały własne bóżnice, łaźnie, ale na początku XIX wieku przestały istnieć. W XIX wieku samodzielną gminą żydowską były także Łojki, ale u schyłku stulecia zostały wchłonięte przez miasto Siemiatycze. Byli też żydowscy rolnicy.

Już pierwsze wiadomości o Żydach zamieszkujących ziemie polskie świadczą, iż prócz handlu i rzemiosła, starozakonni zajmowali się także rolnictwem. Na rolnicze zajęcia pewnych odłamów zbiorowości żydowskiej wskazują spotykane na ziemiach polskich nazwy wsi: Żydów, Żydowo, Kozari (od Chazarów) i inne. O Żydowie koło Gniezna słyszymy już w 1205 r., zaś Zidowo niedaleko Kalisza istniało już w 1213 r. Podczas Sejmu w 1775 r. wypłynęła sprawa aktywizacji mas żydowskich poprzez osadzanie ich na roli. Miało to spowodować wyjście z nędzy i ułatwić spłacenie ogromnych długów kahalnych. Mimo jednak zachęty w postaci ulg podatkowych, na roli osiadło zaledwie kilkadziesiąt rodzin żydowskich. Wymienić tu należy kolonię rolniczą w Zwiahelu utworzoną siłą przez właściciela osady.

Po rozbiorach Rzeczypospolitej pierwsze kolonie rolników żydowskich powstały na ziemiach zaboru austriackiego (rolnicze osady Nowy

Boćki. Budynek dawnej łaźni żydowskiej. [Mikva.]
Fot. J.C. Żukowski. 1988

Babilon pod Bolechowem, osada Nowa Jerozolima we wsi Dąbrówka i inne). W Rosji w XIX wieku żydowskie osady rolnicze powstały w Besarabii, na Ukrainie koło Chersonu. Za cara Mikołaja I na Polesiu założono kolonię Iwaniki koło Pińska. W 1849 r. powstały kolejne osady rolników żydowskich we wsiach Konstantynów i Mikołajewska w powiecie słonimskim. W powiecie wołkowyskim powstała wieś żydowska „Gołobuty”.

Ruch osiedleńczy na roli wśród Żydów wzmógł się znacznie w okresie międzywojennym. Tylko w 5 województwach kresowych żyło na roli 1829 żydowskich familii. Istniało też „Towarzystwo popierania pracy rolnej wśród Żydów w Polsce”. Rolnicy żydowscy na kresach zrzeszeni byli w 18 własnych spółdzielniach rolniczych, grupujących 1300 członków. W okolicach miast i miasteczek powstawały liczne farmy organizowane przez ruch kibucowy, które przysposabiały młodzież żydowską do pracy na wsi, aby później po takich kursach wysyłać osadników-rolników do Palestyny.

Na terenie Białostocczyzny, ówczesnych ziemiach Guberni Grodzieńskiej, około 1856 r. powstały trzy żydowskie rolnicze kolonie: „Kolonia Izaaka” koło Odelska z 26 gospodarzami (obecnie Białoruska Republika), „Palestyna” z 6 gospodarzami i „Chaanon” z 10 gospodarzami. Największa była „Kolonia Izaaka”, która liczyła w 1904 r. 221 osób. W osadzie była bóżnica, do której regularnie przybywał na posługi religijne rabin z Odelska. Tu też modlili się rolnicy żydowscy z „Palestyny” i „Chaanon”. W „Kolonii Izaaka” był cheder i mykwa.

Zmarłych rolników żydowskch chowano na starym cmentarzu w Odelsku. Dziś na terenie obecnego województwa białostockiego istnieje maleńka wioska „Palestyna”. Żywot „Palestyny” jako rolniczej żydowskiej osady zakończył się około 1937 r., kiedy to kilku ostatnich gospodarzy sprzedało swoje domostwa i przeniosło się do Kuźnicy (3 rodziny) i Białegostoku (1 kawaler). Urodzony w 1909 r. Franciszek Hołubowicz, mieszkający obecnie we wsi Palestyna, doskonale pamięta rodziny żydowskich rolników: Furmana Abrama i Hirsza oraz Jasionołkowskiego Mosze. Rolnicy żydowscy według relacji Hołubowicza byli bardzo dobrymi gospodarzami. Często chłopi-chrześcijanie zwracali się do nich o porady.

W okresie międzywojennym rozwinął się także ruch farmerski wśród polskich Żydów. Powstawały liczne kolonie rolnicze organizowane przez ruch kibucowy, Towarzystwo „ORT” i inne. Te farmy miały za zadanie przysposabiać przyszłych osadników w Palestynie. W dużej mierze dzięki właśnie tym pierwszym pionierom, dzisiejszy Izrael zawdzięcza swój wysoki poziom rolnictwa. Takie kolonie, farmy i plantacje istniały w kilkudziesięciu miejscach na Białostocczyźnie. Gmina żydowska w Białymstoku

Suchowola. Wnętrze drewnianej synagogi. Aron Ha Kodesz.
[Interior of the wooden synagogue.] Fot. Sz. Zajczyk 1930. Instytut Sztuki PAN

Dąbrowa Białostocka. Budynek starej łaźni. [Mikra]
Fot. 1955. T. Wiśniewski Collection.

posiadała swoje farmy w Bacieczkach, Żółtkach i w Juchnowcu. Gmina żydowska w Supraślu utrzymywała farmę w Ignatkach i Czyliczance; były kolonie żydowskie w okolicy Milejczyc, Kleszczel, Siemiatycz, Dąbrowy Białostockiej i w wielu innych miejscach. Możliwości do założenia takich kolonii było wiele, bowiem na terenie ówczesnego województwa białostockiego (1921) Żydzi-rolnicy mieszkali w około 100 wsiach. Spis przeprowadzony w nowo odrodzonym państwie polskim w 1921 r. wykazał na terenie Białostocczyzny kilkadziesiąt skupisk żydowskich. Wymieńmy tylko te, w których liczba Żydów przekraczała liczbę 10. Skupiska te występowały we wsiach i niewielkich osadach.

— W powiecie Białowieża liczba Żydów wynosiła: w Panasiukach (17), w Zastawie (15), w Krzyżach (10), w Cichowoli (11), w Masiewie (26), w Chwałowie (24), w Hłubieńcu kolonia (37), w Izbicach (11), w Krynicy (13), w Pieniążkach (aż 108!), w Popielewie (12), w Rowbicku (37) i Suchowoli (46).

— W powiecie białostockim: w Jakubiewie (13), w Mieleszkach (16), w Kamiennym Brodzie (14), w Laskowcu (12), w Zubolach (21).

— W powiecie bielskopodlaskim: w Kalejczycach (14), w Krasnej Wsi (12), w obu Czarnych Wsiach (47), w Grodzisku (34), w Makarakach (17), w Żerach Czubikach (11), w Hornowie (16), w Żurobicach (27), w Czyżykach (10), w Dubinach (20), w Grabowcu (10), w Kalnicy (10), w Nurcu-Stacji (38), w Rogaczach (23), w Sasinach-Ostrów (10), w Sobiatyniu (15), w Odrynkach (15), w Bużyskach (11), w Chrołowicach (13), w Obniżkach (13), w Sieniewicach (33), w Wierzchnicy Nadbużnej (17), w Hołowieskach (19), w Paszkowszczyźnie (16), w Starym Korninie (10), w Szczytach (10), w Czyżach (22), w Borysowszczyźnie (16), w Radziłówce (16), w Czajach Wólce (14), w Koryninach (10), w Rudce (28), w Annopolu (50), w Boratyńcu Lackim (14), w Glinniku (12), w Tołowinie (22), w Grannem (14), w Pobikrach (12), w Przybyszynie (14), w Falkach Starych (11), w Maleszach (14), w Swirydach (29), w Polszach (30), w Hołynce (49), w Kruszynianach (21).

— W powiecie sokólskim: w Buksztelu (15), w Wodokaczce (23), w Kruhłach (16), w Palestynie (17), w Jałówce-Folwarku (12), w Nietupie (11), w Podsokółce (12).

Należy przypuszczać, iż Żydzi mieszkający we wsiach tych czterech powiatów tworzących w owym czasie obszar, który zwiemy Białostocczyzną uczęszczali na modlitwy do synagog i domów modlitwy znajdujących się w pobliskich większych osadach i miasteczkach. Natomiast z całą pewnością skupiska żydowskie liczące więcej aniżeli 30 osób, jak w Pieniążkach, obu Czarnych Wsiach, Grodzisku, Nurcu, Sieniewicach, Annopolu, Polszach i Hołynce posiadały urządzone salki modlitewne. Znajdowały się one najczęściej w prywatnych domach, w których jedną z izb wykorzystywano jako salę modlitewną. Według relacji Edwarda Mystkowskiego w Czarnej Wsi, w domu Josela Wołosiewicza istniała mała bóżnica (salka modlitw). Te niewielkie „bóżnice" pełniły przeważnie funkcje na co dzień, dopiero w przypadku większych uroczystości i świąt judaizmu wierni wybierali się do bóżnic w większych ośrodkach miejskich.

This part of the book contains detailed information about Jewish towns and villages in the Białystok region: the history of the settlement; a description of the Jewish quarter; information on the synagogues; biographical and other sources for the drawings.

The English summary contains some of the more relevant and interesting information, aiming also to give a survey of the history of the Jewish settlement in the Białystok region.

Białowieża

Jewish settlement came late, at the turn of the 19th century, with the onset of the timber industry. The synagogue is reported to have functioned before 1914. The Jewish population varied in number from 80 to 400 and had no rabbi nor cemetery. The synagogue was pulled down in the 1960s.

1. Osadnictwo żydowskie w Białowieży nastąpiło w końcu XIX wieku i na krótko przed II wojną światową. M.Orłowicz podawał, że synagoga funkcjonowała już przed 1914 r. Żydzi napłynęli do Białowieży w czasach, gdy w osadzie tworzyły się podwaliny przemysłu drzewnego. W latach 1897-8 zbudowano linię kolejową z Białowieży do Hajnówki a w 1907 r. przedłużono ją do Siedlec, co wpłynęło na lepsze warunki osiedleńcze. W 1917 r. mieszkało tu około 80 Żydów. W 1921 r. Białowieżę-powiat zamieszkiwało 217 Żydów. W 1937 r. miasteczko liczyło 4000 mieszkańców, w tym 10% starozakonnych. W 1939 r. po 17 września przebywało tu około 550 Żydów.

2. Największe skupisko domów i placyków żydowskich znajdowało się wzdłuż głównej ulicy Białowieży, Stoczek (obecnie Waszkiewicza), głównie w jej części wschodniej. Ulica zabudowana była przeważnie drewnianymi domami. Przy ulicy Stoczek usytuowana była główna drewniana bóżnica oraz prywatny dom modlitwy. Cmentarza żydowskiego nie było. Żydzi z Białowieży chowani byli na cmentarzu w Narewce. Rabina także nie było. Na specjalne modlitwy dojeżdżał rabin z okolicznych osad, najczęściej z Narewki.

3. Główna bóżnica została wzniesiona na początku XX wieku i rozebrana w latach 60-tych. Stała za restauracją „Sarenka" (obecnie sklep obuwniczy). W okresie okupacji hitlerowskiej użytkowana była jako magazyn paszowy. Do dziś zachowały się ślady fundamentów. Dom modlitwy, murowany urządzano w prywatnym mieszkaniu w latach 20-tych XX w. przez Żyda przybyłego z Kaukazu. Zlokalizowany był także przy ulicy Stoczek 61.

Białowieża. Dom modlitwy.
[Jewish house of prayer.]

133

Po wojnie podczas remontu nowy właściciel zlikwidował detale architektoniczne i zbił wizerunek Gwiazdy Dawida (Magen Dawid).

4. Rysunek domu modlitwy wykonano w oparciu o zdjęcie dr. J.L.Olszewskiego. Relacje J.Olszewski, A.Zin, W.Dackiewicz.

— Białowieża. Studium historyczno-urbanistyczne, opr. J.Kubiak, Warszawa 1975 (BBIDZ).

Białystok

**The heart of East European Jewry.
The earliest known settlement dates
from the 17th century, before the town
acquired its municipal rights. The first
house of prayer was built in 1711,
the number rising to about a hundred
synagogues and houses of prayer
by 1939. In the peak year of 1913
Jews made up 70% of the population.
50 000 Jews were confined to the
ghetto in 1941. Throughout its history
the town had five Jewish cemeteries.
Numerous synagogues of Białystok
deserve a separate study, to be
published in the second volume of this
series. The Great Synagogue, built
in 1909-13 to replace the old one from
the 18th century, was a monumental
structure representing a blend
of neo-Gothic and neo-Byzantine
styles. The synagogue was burnt down
by the Nazis in 1941 with about
a thousand Jews inside.
The synagogues of Białystok reflected
the exceptionally rich religious
and social life of the Białystok Jews.
The last rabbi of Białystok:
dr Gedali Rozenman.**

1. Pierwsze wzmianki o Żydach w Białymstoku pochodzą z 1658 r. W 1661 r. we włości białostockiej (folwarki i wioski) według rejestru pogłównego było 75 Żydów. W 1692 r. Żydzi białostoccy tworzyli już przykahałek i podlegali gminie okręgowej w Tykocinie. Pierwsza bóżnica została wzniesiona w 1711 r. Zbiorowość żydowska była wówczas nieliczna i w 1716 r. liczyła 35 Żydów obojga płci. W 1765 r. mieszkało już w mieście 761 starozakonnych. Na przełomie 1799/1800 r. liczono tu już 1788 Żydów a pierwszy spis carski z 1807 r. na 4145 mieszkańców miasta odnotował 2116 wyznawców religii mojżeszowej. W 1847 r. Białostocki Okręg Bóżniczy liczył 6714 Żydów, w 1856 r. na 13787 mieszkańców miasta, Żydów było 9547 a już 5 lat później przebywało ich tutaj 11873. Dysponowali w owym czasie 2 synagogami i 16 domami modlitwy. Spis z 1897 r. wykazał gwałtowny wzrost ilości mieszkańców, głównie Żydów. W tym roku na 66032 mieszkańców, Żydów liczono 41905. Jeszcze większy odsetek odnotowano w 1913 r.: Żydzi stanowili prawie 70% (61500). W okresie I wojny światowej i tuż po jej zakończeniu zaznaczył się spadek liczby Żydów w mieście. Powodem była nasilająca się emigracja. Spis z 1921 r. na 76792 mieszkańców odnotował 39602 Żydów, a spis z 1931 r. na 91207 mieszkańców wykazał 39165 Żydów. W 1939 r. po 17 września wraz z uciekinierami mieszkało w Białymstoku około 80000 Żydów. W utworzonym w sierpniu 1941 r. getcie białostockim znalazło się ponad 50 tysięcy Żydów.

Białystok. Ulica Szkolna. W głębi Wielka Synagoga. [School Street. The Great Synagogue.]

2. Główne skupiska domów i placów żydowskich znajdowały się w rynku oraz praktycznie w całej centralnej części miasta, w szczególności zaś w kwartale pomiędzy ulicą Lipową a rzeką Białą, wzdłuż ulicy Mikołajewskiej (Sienkiewicza) i Suraskiej (Wesołowskiego). Ulica Lipowa wraz z rynkiem przedzielała dwa główne centra religijne. Pierwsze, starsze znajdowało się w południowej części ulicy Suraskiej, w kwartale zwanym Shulhof (dzielnica wokół synagogi, szkoły). Tu też znajdowała się główna synagoga oraz najstarsza białostocka bóżnica z 1711 r. a także liczne bóżniczki prywatne, cechowe i chasydzkie. Ten sektor miasta opanowany był niemal całkowicie przez żywioł ortodoksyjny.

W połowie XIX wieku ukształtowało się drugie centrum religijne wokół nowoczesnej synagogi zwanej „Chorszul", wzdłuż ulicy Kupieckiej (Malmeda), Żydowskiej (Fornalskiej) i Giełdowej (Spółdzielczej). Cmentarze żydowskie: nie istniejący cmentarzyk z XVII w. w rynku, z połowy XVIII wieku u wylotu ulicy Suraskiej, z 1840 r. przy ulicy Bema przeznaczony dla zmarłych na cholerę, największy (istniejący) przy ulicy Wschodniej z około 1890 r., u wylotu ulicy Kupieckiej nad rzeką Białą z 1920 r. W okresie okupacji niemieckiej na terenie getta powstał kolejny cmentarz żydowski przy ulicy Żabiej. Tuż po wojnie został odnowiony i ostatecznie zlikwidowany w 1971 r. Ostatnim rabinem Białegostoku był dr Gedali Rozenman.

3. W 1939 r. w Białymstoku funkcjonowało około 100 synagog i domów modlitwy. A.S.Herszberg podaje szczegółowe informacje na temat 59 bóżnic. W tym szkicu koncentruję się tylko na trzech znaczniejszych bóżnicach. Pozostałe zostaną zaprezentowane w II tomie tej pracy pod tytułem „Synagogi Białegostoku".

Wielka Synagoga została wzniesiona w miejscu starej (z 1764 r.) w latach 1909-1913. Projektował ją S.J.Rabinowicz, ojciec słynnego malarza religijnego B.Rabinowicza (BENN). Koszta budowy wyniosły około 50 tys. rubli. Obiekt postawiono na planie zbliżonym do kwadratu. Dach przykryty został masywną kopułą z iglicą o średnicy około 10 metrów. Narożne alkierze wysuniętego frontonu przykryto mniejszymi kopułkami o dekoracyjnym charakterze. Wszystkie kopuły były kryte blachą, a w największą wbudowano

Białystok. „Chorszul". Ulica Żydowska.
[Chorszul. The Jewish Street.]

dodatkowo 8 lukarn. Te małe okienka były podporządkowane koncepcji doświetlenia wnętrz. Kopuła główna wsparta była na żelazobetonowej konstrukcji słupowej, która przechodziła w dolnych partiach w bimę (kazalnicę). Budowla sprawiała wrażenie monumentalne poprzez wkomponowanie w regularną bryłę trzech kopuł. Splatają się tu wyraźnie styl neogotycki i neobizantyjski.

Białystok. Synagoga „Pułkowa"

Motyw kopuły o proweniencji bizantyjsko-muzułmańskiej tak charakterystyczny dla wielu synagog europejskich XIX i XX wieku, miał za zadanie zneutralizować prąd neogotycki zbyt silnie identyfikujący się z chrześcijaństwem. Obiekt stał przy ulicy Bóżniczej przez pewien czas nie otynkowany i bez elementów odachowania; dopiero później kilku bogatych fabrykantów żydowskich wykończyło obiekt. Kobiety modliły się w osobnych galeryjkach na piętrze. Synagoga ta została spalona przez wkraczające do Białegostoku specjalne oddziały niemieckie 27 czerwca 1941 r. W płomieniach śmierć poniosło około 1000 wpędzonych tam Żydów. W tym miejscu znajduje się obecnie pamiątkowa tablica.

„Chorszul", czyli bóżnica chóralna. Inicjatorem jej zbudowania (przebudowania) był między innymi M.Zamenhof, ojciec twórcy esperanto Ludwika Zamenhofa. Przypuszczalnie rodzina Zamenhofów, w okresie przebywania w Białymstoku uczęszczała do tej właśnie bóżnicy. Wzniesiona została w 1834 r. jako pierwsza nowoczesna bóżnica w mieście, przy ulicy Żydowskiej. Głównym fundatorem była zamożna rodzina Zabłudowskich i dlatego też utarła się zwyczajowa nazwa tej bóżnicy „Synagoga Zabłudowskich". Pod koniec lat 50-tych XIX wieku wprowadzono do jej wnętrza chór i stąd jej oficjalna nazwa „Chorszul". W owym czasie sprowadzono także słynnego kantora z Kijowa. Bóżnica „Chorszul" objęła prymat nad tzw. „środkowym miastem". Obiekt był murowany, dwukondygnacyjny, kryty dwuspadowym blaszanym dachem. Na rysunku widoczne charakterystyczne półokrągłe okna sal modlitewnych. Oszczędny wygląd zewnętrzny rekompensowały wspaniałe wnętrza. Bóżnica ta została spalona przez Niemców w 1943 r. podczas likwidacji getta.

24 dnia miesiąca Tammuz (VI-VII) 1861 r. poświęcono największą wówczas w mieście bóżnicę. Została ona wzniesiona frontalnie do ulicy Mikołajewskiej (Sienkiewicza) obok rzeczki Białej wzdłuż uliczki Nadrzecznej. Podczas poświęcania bóżnicy, z wielką paradą wniesiono przez rabina Lipele święte księgi. Drugie oficjalne otwarcie nastąpiło przy współudziale władz carskich i pułkowej orkiestry i stąd jej zwyczajowa nazwa „Bóżnica Pułkowa" (Pułkowaja Beth Midrasz). W okresie międzywojennym modlili się w niej żołnierze polscy wyznania mojżeszowego. Inna jej nazwa „Sewastopol

137

Szpot", czyli „obszar bez wyjścia jak twierdza Sewastopol" wzięła się z faktu zalewania jej murów przez wylewającą rzeczkę Białą. Obiekt miał trzy kondygnacje. Był kryty dwuspadowym dachem z blachy. Kobiety modliły się w osobnych galeryjkach na piętrze. Fasada frontalna była oszczędna, w duchu klasycystycznym. Swoim wyglądem przypominała bóżnicę w Kownie. Synagoga „Pułkowa" została wysadzona w powietrze przez Niemców w 1941 r. kiedy to kilku żołnierzy radzieckich zabarykadowało się w jej wnętrzu.

4. Rysunki wykonano w oparciu o stare pocztówki i zdjęcia znajdujące się w prywatnych zbiorach autora oraz w oparciu o materiały ikonograficzne ZAP w Warszawie, BBIDZ w Białymstoku oraz o zdjęcie Wielkiej Synagogi znajdujące się w zbiorach Muzeum Narodowego w Warszawie (Pałac Krasińskich).

— A.S.Herszberg, Pinkas Bialystok, t.I-II, New York 1949/1950-jidysz
— Bialystoker Bilder Album, New York 1951
— The Bialystoker Memorial Book, New York 1982
— Bialystoker Sztime, roczniki 1967-1989
— T.Wiśniewski, Ważniejsze białostockie synagogi, „Białostocczyzna" 1986, nr 4, tenże, Wielkie Synagogi w Białymstoku „Mówią Wieki" 1986, nr 4; Twierdza Sewastopolska, „Fołks-Sztyme"1988, nr 42; Ludwik Zamenhof, Białystok 1987; Artykuły w „Kurierze Podlaskim" (lata 1985-1989).

Bielsk Podlaski

Early Jewish settlement began as far back as the 15th century; a sizable kahal is documented to have existed in the 18th century, while in 1921 the Jewish population made up about 50% of all inhabitants. There were several synagogues, the main one located in the city center. Unfortunately, some are known only from description. „Stara Alte Szul" is reported to have been a unique religious monument of Polish Jews, with the main prayer hall reached by stairs leading down. There was also the magnificent „Aron Ha Kodesz".
The last rabbi of Bielsk:
Mosze Aron Bendas.

1. Żydzi pojawili się w Bielsku Podlaskim już w XV wieku. W 1487 r. król Kazimierz Jagiellończyk oddał w dzierżawę myto na komorze celnej w Bielsku Podlaskim 2 Żydom z Łucka. Żydzi przebywający wówczas w Bielsku Podlaskim nie tworzyli gminy ze względu na niewielką liczbę (kilka rodzin). W 1542 r. stwierdzono w mieście istnienie gminy żydowskiej. Była też wzmiankowana bóżnica.

Bielsk Podlaski. Główna, drewniana bóżnica.
[The central wooden synagogue.]

W 1564 r. nastąpiły zatargi w mieście pomiędzy chrześcijanami a Żydami i w dwa lata później Król Zygmunt August musiał ten spór rozstrzygnąć: Żydzi uzyskali wówczas nowe przywileje. Stan ten jednak trwał krótko, bowiem spisy z 1580 i 1591 r. nie wykazują w Bielsku Podlaskim starozakonnych, co by oznaczało, iż w Bielsku u schyłku XVI wieku, Żydów już nie było. Według zaś H.Kosieradzkiego gmina żydowska w Bielsku Podlaskim miała istnieć do 1662 r.

Żydzi napływają do Bielska ponownie u schyłku XVIII wieku. A.Gawurin podaje informację z 1771 r. gdzie jest mowa o „kahale bielskim". Oficjalnie pozwolono osiedlać się Żydom w Bielsku dopiero na przełomie 1802/1803 r. W 1807 r. powstała gmina żydowska, w tym też roku na 1836 mieszkańców miasta było 31 Żydów. W rok później było już 64, a w 1816 r. 94 Żydów. W 1847 r. Bielski Okręg Bóżniczy liczył 298 Żydów. W 1861 r. mieszkało w mieście 1256 starozakonnych i istniały 3 domy modlitwy. W 1878 r. na 5810 obywateli miasta, Żydów liczono już 3968. „Po pierepisy" z 1897 r. na 7464 mieszkańców, wyznawców religii mojżeszowej było 4097. Później liczba Żydów malała i w 1921 r. było ich 2392 (ponad 50%), a w 1938 r. około 38% ogółu mieszkańców. W okresie 1939-1941 przebywało w Bielsku Podlaskim około 6000 Żydów. Inne źródła mówią o liczbie 7000.

Bielsk Podlaski. Drewniana bóżnica. Projekt.
[The design of the wooden synagogue.]

2. Największe skupisko domów i placów żydowskich w Bielsku Podlaskim znajdowało się wokół głównego rynku, którego centralnym punktem był ratusz (pełen żydowskich sklepików) oraz we wschodniej

pierzei rynku. Żydzi mieszkali także wzdłuż głównych ulic miasta: Mickiewicza, Szkolnej, Bóżniczej, Wąskiej, Widowskiej i Ogrodowej. Główna drewniana bóżnica znajdowała się w samym centrum. Wokół niej znajdowało się kilka innych domów modlitwy, między innymi przy ulicy Wąskiej (po wojnie rozebrany). Obok głównej synagogi bielskich Żydów znajdowała się także niewielka bóżnica chasydzka. Cmentarz żydowski, stary, nie istniejący znajdował się w centrum miasta, drugi przy drodze na Brańsk. Ostatnim urzędującym rabinem był Mosze Aron Bendas (Bendes?).

3. Główną drewnianą bóżnicę zaczęto wznosić w miejsce starej w 1898 r. Bóżnica otrzymała nazwę „Jafe Einan" (Ładne Oczy). Był to dużych rozmiarów drewniany obiekt, wielokrotnie przebudowywany i kryty dwuspadowym dachem z dachówką. Rysunek 1 prezentuje bóżnicę według zachowanego projektu z 1897 r. Rysunek 2 pokazuje obiekt „Jafe Einan Beth Midrasz" po gruntownej przebudowie, która miała miejsce w pierwszych latach XX wieku. Najbardziej ozdobnie potraktowano część frontalną. Występują tu liczne detale snycerskie, symbolika lwów (tympanon, szczyt), tablica z dekalogiem i kunsztowne galeryjki. W oknach były kolorowe szybki często z rysunkiem Magen Dawid. Wnętrze charakteryzował prosty wystrój, za wyjątkiem ażurowej bimy. Podczas okupacji niemieckiej obiekt ten został rozebrany.

Obok tej bóżnicy stała „Stara Alte Szul" zwana także od imienia jej założyciela, fundatora „Icł's Beth Midrasz". Ta świątynia była jedną z bardziej nietypowych obiektów sakralnych Żydów Białostocczyzny, ale i Żydów polskich w ogóle. Do głównej sali modlitewnej schodziło się po schodkach jak do piwnicy. Bóżnica była niewielka i według relacji Żydów bielskich znajdował się w jej wnętrzu wspaniały „Aron Ha Kodesz", na którym wyrzeźbione były misternie wszystkie instrumenty muzyczne, które były używane w starej jerozolimskiej świątyni. Pomimo swojego przepychu do tej bóżnicy uczęszczali ludzie mniej zamożni i ubodzy rzemieślnicy. Ten nie prezentowany w części ilustracyjnej obiekt znajdował się przy niewielkiej uliczce Orlej.

Przy ulicy Bóżniczej, zwanej też „Beth Midrasz Gas" stała trzecia bóżnica zwana „Sza'rej Zion Beth Midrasz" (Bramy Syjonu). Była to również ładna, drewniana bóżnica, która została wzniesiona w miejscu starej, spalonej podczas I wojny światowej. Obok tej synagogi znajdowała się łaźnia żydowska, religijna szkoła Talmud Tora, jesziwa i dom sierot. Obiekt nie prezentowany w części ilustracyjnej.

Bielsk Podlaski. Drewniana bóżnica. Projekt z 1920 r.
[The design of the wooden synagogue.]

W 1889 r. przy ulicy Rynkowej i Prieczistnienskiej (Puszkina) otwarto kolejny drewniany dom modlitwy. Fundował go Jowel Landau i Tanchieł Grodziński. Obiekt nie prezentowany w warstwie ilustracyjnej.

Rysunek 3 i 4 pokazuje projekty drewnianej bóżnicy w Bielsku Podlaskim z okresu międzywojennego. Miała to być dużych rozmiarów synagoga (projekt nie zrealizowany) z dwukondygnacyjnym dachem, flankowana dwoma alkierzami i nawiązująca wyraźnie do grupy staropolskich bóżnic „grupy białostocko-grodzieńskiej". Wejście do przedsionka wsparte było na ozdobnych kolumnach. Kobiety modliły się w galeryjkach na piętrze.

4. Rysunki wykonane w oparciu o projekt bóżnicy w Bielsku Podlaskim z 1896 r. Archiwum w Grodnie, CGIA, zespół 8, dział 2, teka 1897, karta 15 (rys.1); oraz op. cit., teka 617, karta 1-2.; Bielsk Podlaski, Book in Memory of the Bielsk Podlaski, wyd. Rabin Haim, Tel Aviv 1975 (rys.2); AAN, Zbiór projektów MSW, sygn. 1134. Projekt K.Hubera z 1920 r. (rys.3 i 4). Tu też: sygn. 2386 (drewniany dom modlitwy Jowela Landau: zdjęcie).

— H.Kosieradzki, Bielsk Podlaski. Dzieje miasta, Bielsk 1987.

— Bielsk Podlaski. Studium historyczno-urbanistyczne, opr. Z.Piłaszewicz i J. Kubiak, Warszawa 1975 (BBIDZ).

— T.Wiśniewski, Niezwykły jubileusz, „Kurier Podlaski" 1986, nr 178; Dokumentacja ewidencyjna cmentarza żydowskiego w Bielsku Podlaskim, Białystok 1990 (maszynopis); relacje Nina Flikier, L. Lew, ks. Jan Mackiewicz i inni.

Boćki

A small kahal is known to have existed in the years 1577-8; an old Jewish cemetery with stones from mid-17th century pointed to the existance of a sizable community.
The main synagogue was very similar to the old, small synagogue in Tykocin. The entire large synagogical complex was destroyed during the Second World War.
The last rabbis of Boćki: Zelig Ruben Bengis and Joachan Mirsky.

1. Pierwsza informacja na temat skupiska żydowskiego w Boćkach pochodzi z 1577 r. Rok później według Jaroszewicza istniała niewielka gmina żydowska. Jewrejskaja Encikłopedia podawała datę 1648 r. na podstawie najstarszych inskrypcji na cmentarzu w Boćkach. Były macewy starsze, ale nie zdołano ich odczytać. Według spisu z 1676 r. na 318 mieszkańców miasteczka było tu 44 Żydów. Spis z 1716 r. na 400 mieszkańców odnotował już 96 starozakonnych. W 1750 r. w przykahałku boć-

Boćki. Główna synagoga i drewniany dom modlitwy.
[Central synagogue and wooden house of prayer.]

kowskim (podległym gminie w Tykocinie) liczono 56, a w samych Boćkach 151 Żydów. 15 lat później spis Żydów w Koronie wykazał w kahale boćkowskim 855 wyznawców religii mojżeszowej, z czego 330 w miasteczku. Pruski spis z 1799 r. odnotował tu 616 Żydów, a pierwszy spis carski z 1807 r., 605 Żydów. Od tego czasu gmina wzrastała w siłę w szybkim tempie i w 1847 r. Boćkowski Okręg Bóżniczy liczył 2567 Żydów. W 1860 r. w mieście mieszkało 743, a w 1878 już 1264 Żydów. Spis z 1897 r. na 2636 mieszkańców wykazał 1409 starozakonnych. Pierwszy spis w odrodzonej Polsce z 1921 r. odnotował 723. W 1942 r. 755 Żydów przebywało w Boćkach.

2. Największe skupisko domów i placów żydowskich znajdowało się wokół dwóch głównych rynków oraz wzdłuż pryncypialnej ulicy miasta, Bielskiej. Żydzi mieszkali także przy ulicy Dubieńskiej, Brańskiej (tu mieszkał rabin) i Załońskiej. Główna dzielnica żydowska znajdowała się w środkowo-zachodniej części miasta pomiędzy cerkwią a kościołem. Tu też — bliżej kościoła — był stary nieczynny już przed wojną cmentarz żydowski. Drugi cmentarz znajdował się w południowej części miasta za rzeczką przy drodze na Dołubowo i założony został w 1884 r. Nad samą rzeczką do naszych czasów dochowała się stara ceglano-kamienna łaźnia żydowska ze schyłku XVIII wieku. Pierwsza bóżnica w Boćkach istniała już u schyłku XVII wieku. W 1722 r. Żydzi z Bociek starali się o odrestaurowanie starej i budowę nowej bóżnicy. Dopiero w 1750 r. biskup łucki udzielił odpowiedniego zezwolenia. Tuż przed II wojną światową funkcjonowała w Boćkach główna murowana bóżnica, obok której usytuowany był drewniany budynek przyszkółka oraz dom rabina. Obie bóżnice uległy zniszczeniu podczas II wojny światowej. Ostatni rabini: Zelig Ruben Bengis (urodzony w Wilnie), który wyemigrował w 1938 r. do Palestyny oraz Joachan Mirsky, który był również rabinem w Zabłudowie.

3. Główna bóżnica (istniało też kilka prywatnych domów modlitwy) znajdo-

Boćki. Drewniana bóżnica. [The wooden house of prayer.]

142

wała się w zachodniej części miasta w pobliżu ulicy Załońskiej (obecnie Antoniaka) i Dubieńskiej. Był to murowany obiekt wzniesiony w 1807 r. Bóżnica miała dwie kondygnacje i kryta była typowym dachem polskim z dachówką. W swoim wyglądzie bóżnica boćkowska przypominała do złudzenia starą bóżnicę w Tykocinie. Główne wejście prowadziło do sali mężczyzn. Nad wejściem był napis, zaś szybki w oknach były kolorowe z rysunkiem Magen Dawid. Boczna przybudówka była dobudowana nieco później i prowadziła na niewielką galeryjkę dla kobiet. Od 1896 r. była to tylko „męska" bóżnica. W jej wnętrzu przechowywano Torę z 1768 r. oraz srebrne puszki kwestorskie z 1740 r.

Około 15 metrów od głównej bóżnicy stał drewniany budynek szkoły żydowskiej wzniesiony w 1896/7 r. Ta drewniana bóżnica została zbudowana dzięki inicjatywie pobożnych Żydów: Mowszy Brańskiego i Hilela Minkina. Flankowała obiekt prosto-padle usytuowana przybudówka (piętrowa) mieszcząca heder i inne pomocnicze pomieszczenia. Wejście dla kobiet znajdowało się z boku. Prowadzące na pięterko schodki przykryto ozdobnym w detale snycerskim gankiem. W tej bóżnicy modlili się młodzi mężczyźni, kawalerowie oraz kobiety. Obok bóżnicy znajdował się budynek zarządu gminy. Cały ten zespół synagogalny w okresie II wojny światowej został splądrowany po czym częściowo rozebrany i spalony wreszcie.

4. Rysunki wykonano w oparciu o oryginalne zdjęcie, które zdołano uratować z getta oraz w oparciu o „Plan modlitewnej szkoły w Boćkach..." znajdujący się w Archiwum w Grodnie, CGIA zespół 8, Dział 2, teka 1246, karta 13.

— T.Wiśniewski, Dokumentacja ewidencyjna cmentarzy żydowskich w Boćkach, (maszynopis) 1988

— relacje D. Zagier (Szwajcaria), S.Jabłońska, Z.Ustymowicz, G.Łucjan i inni.

Brańsk

The first information about the Jewish settlement in Brańsk dates from the 16th century. Before 1939 about 500 Jewish families prayed in five synagogues and one Hasiddim prayer house. „Alter Beth Midrasz" was famous for its magnificent collection of books. The last rabbi of Brańsk: Icchok Zew Cukierman.

Brańsk. Murowana synagoga po przebudowie.
[The stone synagogue after rebuilt.]

1. Pierwsza informacja o Żydach z Brańska pochodzi z 1560 r. (ze starostwa) a z samego miasta z 1613 r. Nie utworzono jednak gminy, ponieważ Brańsk był miastem królewskim i posiadał przywilej „de non tolerandis judaeis". Napływ Żydów następuje dopiero u schyłku XVIII wieku po rozbiorach Rzeczypospolitej. W 1799/1800 r. na 1155 mieszkańców było tu 80 Żydów. Większy napływ starozakonnych nastąpił od 1812 r. a gmina została utworzona w 1820 r. (także założony cmentarz). Wcześniej bo w 1807 r. na 1303 mieszkańców było 156 Żydów. W 1857 r. na 1845 obywateli miasta Żydzi stanowili już 39%, a w 1878 r. na 3733 mieszkańców liczono 1524 wyznawców religii mojżeszowej. Spis z 1897 r. na 4087 mieszkańców odnotował 2374 Żydów (58%). W 1921 r. na 3739 mieszkańców było tu 2165 Żydów. Tuż przed wybuchem II wojny światowej mieszkało w Brańsku około 500 rodzin żydowskich. W 1939 r. po 17 września przebywało w Brańsku około 2700 Żydów.

2. Największe skupisko domów i placyków żydowskich znajdowało się w rejonie rynków i głównej ulicy Sienkiewicza. Centrum religijne znajdowało się przy ulicy Senatorskiej łączącej oba rynki oraz w centrum miasta przy ul.Młyńskiej (Sienkiewicza). W rejonie Senatorskiej znajdowały się ważniejsze bóżnice, dom rabina, a w niewielkim oddaleniu łaźnia żydowska. W sumie w Brańsku znajdowało się przed 1939 r. 5 bóżnic i 1 chasydzki dom modlitwy. Były to „Alter Beth Midrasz", „Dritter Beth Midrasz", „Neye Beth Midrasz", „Pełcedek Beth Midrasz", „Sznajder Beth Midrasz", „Hasidim Sztibl-Klaus", w którym modlili się chasydzi z 5 „dynastii": aleksandryjskiej, kobryńskiej, kockiej, radzyńskiej i słonimskiej. Najznaczniejszy rabin — Simeon Jehuda Szkop (Szkop wyjechał z Brańska w 1920 r.). Przed wojną nastał Icchok Zew Cukierman a zastępcą jego był rabin Siekierowicz.

3. „Alter Beth Midrasz" (czyli „stara szkoła") zorganizowano w murowanym budynku w 1821 r. przy ul. Senatorskiej. Na południe

Brańsk. Kompleks synagogalny nad rzeką Nurzec.
[Synagogal complex on the river.]

od bóżnicy płynęła rzeka Nurzec, nad którą znajdowała się łaźnia żydowska. Ta bóżnica to był prosty, murowany obiekt kryty dwuspadowym dachem z gontem. W końcu lat 20-tych XX wieku bóżnica została przebudowana i nieznacznie podwyższona. Bóżnica słynęła ze wspaniałej biblioteki. W okresie okupacji radzieckiej służyła jako stajnia. Rozebrana ostatecznie przez

Brańsk. Murowana bóżnica. [The stone synagogue.]

Niemców w 1942 r. Rysunek 2. prezentuje obiekt przed przebudową (po prawej stronie). Rysunek 1. ukazuje ją po przebudowie. Tuż obok był cheder.

Naprzeciw „Alter Beth Midrasz" przy tej samej ulicy Senatorskiej znajdował się budynek nowej bóżnicy tzw. „Neye Beth Midrasz". Był to drewniany obiekt na kamiennym fundamencie wzniesiony w 1832 r., a przebudowany w 1894 r. Rozebrany został po likwidacji getta w 1942 r. Obiekt nie jest prezentowany.

W 1876 r. pomiędzy rynkiem a ulicą Młynową planowano wzniesienie kolejnego niewielkiego drewnianego domu modlitwy, którego fundatorem był Moszko Grodzieński. Bóżnica znajdować się miała w środku drewnianego kwartału dzielnicy żydowskiej. Rysunek nr 3. Projektu przypuszczalnie nie zrealizowano.

W północnej części miasta w II połowie dziewiętnastego stulecia wzniesiono tzw. „Dritter Beth Midrasz" (trzecia bóżnica) zwany także jako bóżnica „szlachecka". Znajdowała się ona przy rogu ulic Glinickiej (Mickiewicza) i Folwarcznej (Świerczewskiego). Obiekt nie jest prezentowany. Bóżnica spłonęła 7 września 1939 r.

Również przy ulicy Senatorskiej obok „Alter Szul" zakupiono w 1892 r. drewniany budynek na bóżnicę zwaną „Poalej Cedek Beth Midrasz", czyli bóżnica sprawiedliwych robotników-szewców i rzeźników. W 1903 r. w miejscu rozebranego drewnianego domu modlitewnego wybudowano okazałą ceglaną bóżnicę. Obiekt kryty łamanym, mansardowym dachem polskim. Wysokie półokrągłe okna mieściły główną salę modli-

Brańsk. Bóżnica Moszka Grodzieńskiego. Projekt. [The design of the wooden house of prayer.]

tewną. W okresie okupacji radzieckiej służyła jako budynek koszar. Została rozebrana w końcu lat 40-tych (rysunek nr 4).

W 1909 r. ukończono wznoszenie kolejnej bóżnicy, również przy ulicy Senatorskiej i „Końskim Rynku". Jej nazwa „Szneider Beth Midrasz". Służyła krawcom. Był to dużych rozmiarów ceglany obiekt, kryty dwuspadowym dachem. Spalony w trakcie nalotu niemieckiego 7 września 1939 r. (rysunek 2 po lewej stronie).

4. Rysunki wykonano w oparciu o zbiory Społecznego Archiwum Miasta Brańska (rysunek 1, bóżnica po lewej); na podstawie projektu przebudowy bóżnicy starej z AAN w Warszawie, katalog projektów MSW (rysunek 1, bóżnica po lewej i rysunek 2.); Archiwum w Grodnie zespół 8, dział 2, teka 120, karta 910 (rysunek 3); rekonstrukcja Z. Romaniuka (rysunek 4).

— Brańsk, Seifer ha'Zikkaron (księga pamiątkowa) opr. A.Trus, J.Cohen, New York 1948 (jidysz)

— B.E.Wołkow, Remember The Days of Old. Consider the ears of Many Generations (USA) 1985

— J.Siedlecki, O osadnictwie Żydów w Brańsku i starostwie Brańskim w XVII-XVIII wieku, Biuletyn ŻIN 1988, nr 1-2, s.125-129

— Z.Romaniuk, Synagogi w Brańsku (maszynopis) 1988; tenże, Domy modlitwy Żydów w Brańsku, „Białostocczyzna" 1990, nr 2; Zarys dziejów osadnictwa żydowskiego w Brańsku, w: Ziemia Brańska, 1989, s.14-26.

— T.Wiśniewski, Rodzinnym miastem był Brańsk, „Kurier Podlaski" 1987, nr 35.

Choroszcz

**A Jewish settlement started
in the 16th century; throughout
the centuries Jews usually constituted
about one fourth of the population.
The community had a synagogue
and a smaller prayer house,
all destroyed in the War.
The last rabbi of Choroszcz:
Lejb Rywkin.**

1. Pierwsze wzmianki o Żydach z Choroszczy pochodzą z 1556 r. Dopiero w 10 lat później w 1566 r. Żydzi zawiązują gminę żydowską. W 1578 r. według szacunków Leszczyńskiego (przypuszczalnie zawyżonych) mieszkało tu 120 wyznawców religii mojżeszowej (10%). W 1765 r. mieszkało w mieście 210 Żydów a podczas pruskiego spisu z 1799 r. odnotowano na 584 mieszkańców, już tylko 156 starozakonnych.

W 1807 r. Choroszcz ma 658 obywateli, z czego 199 to Żydzi. W 1847 r. Choroszcza-
ński Okręg Bóżniczy liczył 701 Żydów. W 1878 r. mieszkało tu 765 Żydów a spis
z 1897 r. wykazał na 2464 mieszkańców miasta 827 starozakonnych. W 1921 r. liczba
Żydów spadła i wynosiła 450 osób. Tuż przed II wojną światową mieszkało w Choroszczy i najbliższej okolicy 1352 Żydów.

2. Główne skupisko domów i placów żydowskich znajdowało się w rynku i jego
najbliższej okolicy. Dzielnica żydowska zlokalizowana była w północno-zachodniej
części miasta. Żydzi mieszkali także przy ulicy Złotoryńskiej. Tam też znajdowało się
centrum religijne tzw. „Szulhof" (dzielnica wokół synagogi, szkoły). Tu od 1942 r.
znajdowała się bóżnica, przyszkółek, mieszkanie rabina, mykwa oraz mniejsza bóżniczka rzemieślników fundowana przez Chaima Dubrawskiego. Po pierwszej bóżnicy
choroszczańskiej z XVI wieku, do II wojny światowej istniał starannie utrzymany plac
tzw. „Hamakon Ha Kodesz" (hebr. święte miejsce). Stary niewielki cmentarzyk, już
przed wojną nieczynny, znajdował się pomiędzy ulicą Mickiewicza i Lipową (obecnie
nie istniejący). Nowy cmentarz zlokalizowany jest około 1500 metrów od miasta przy
trakcie na Łyski. Ostatni rabin Choroszczy — Lejb Rywkin.

3. Wiadomość o nowo odbudowanej bóżnicy pochodzi z 1772 r. z zapisów inwen-
tarza sporządzonego po zmarłym właścicielu Choroszczy Janie Klemensie Branickim.
Bóżnica leżała na tyłach rynku za jego zachodnią pierzeją: „szkoła żydowska...
frontem do kościoła dominikańskiego... w kwadrat z drzewa kostkowego budowana,
gontami kryta, we wszelkim porządku, według religii żydowskiej zostająca, przy której

Choroszcz. Drewniany dom modlitwy. [The wooden house of prayer.]

147

szkółka żydowska podobniesz w kwadrat z drzewa kostkowego w węgiel budowana dranicami kryta... wszystko to kosztem Żydów choroszczańskich budowane..." Relacjonował mieszkaniec Choroszczy dr A.Leszczyński: „Dach był prawie płaski. Tak pamiętam gdy stałem przy ścianie to okna znajdowały się wysoko ponad moją głową. Pomiędzy oknami była przerwa gdyż znajdował się tam „Aron Ha Kodesz" — święty ołtarz. Przybudówka do wejścia znajdowała się nie w środku a raczej bardziej z tyłu. Wejście było z boku... schodków nie było, tylko przed wejściem znajdował się kamień". Przedwojenny przewodnik i krajoznawca po województwie białostockim J.Antoniuk wspominał: „przybudówka, jej drzwi wejściowe były nie w bocznej lecz szczytowej ścianie z poręczami po boku. Synagoga nie była oszalowana, czyli obita z zewnątrz deskami, co nadawało jej wygląd bardziej estetyczny..." Bóżnica choroszczańska została spalona przez Niemców podczas II wojny światowej, podobnie mały dom modlitwy.

4. Rekonstrukcję wykonał autor na podstawie dostarczonych rysunków, szkiców i relacji J. Antoniuka i A. Leszczyńskiego.

— cykl artykułów A.Leszczyńskiego publikowanych w Biuletynie ŻIH (1971:2, 1973:3, 1983:2) i inne.

— Choroszcz. Studium hist.-urbanistyczne, opr. A.Oleksicki, BBIDZ Białystok 1979.

— T.Wiśniewski, A.Grajter, Dokumentacja ewidencyjna cmentarza żydowskiego w Choroszczy, BBIDZ Białystok 1986. Tu obszerna bibliografia.

— T.Wiśniewski, Żydzi w Choroszczy, „Kurier Podlaski". Reporter 1987, nr 202; tenże, Gmina żydowska w Choroszczy, „Białostocczyzna" 1987, nr 4(8).

— relacje, A. Leszczyński, J. Antoniuk i inni.

Dąbrowa Białostocka

The first Jewish community in the 18th century was administered by the District Kahal in Grodno. At the turn of the 19th century Jews constituted over 75% of the population. There were two synagogues, a smaller one reportedly to have been bought as a Calvinist chapel and changed into a Jewish prayer house. The last rabbis of Dąbrowa Białostocka: Mosze Gerszon Mowszowicz and Chaim Katz.

1. Żydzi pojawili się w Dąbrowie Białostockiej na początku XVIII wieku. W tym też mniej więcej czasie powstała gmina żydowska, podporządkowana gminie okręgowej w Grodnie. W 1765 r. w Dąbrowie i okolicy mieszkało 406 wyznawców religii mojżeszowej. Spis pruski z 1799 r. wykazał na 737 mieszkańców 283 starozakonnych. W 1807 r. na 886 mieszkańców było tu już 481

Dąbrowa. Główna synagoga. [The central synagogue.]

Żydów. W 1847 r. Dąbrowski Okręg Bóżniczy liczył 966 Żydów. Około 1880 r. mieszkało tu 1132 Żydów, 264 katolików, 29 mahometan i 13 prawosławnych. W 1897 r. Żydzi stanowili w miasteczku ponad 75% ogółu mieszkańców (1499). Pierwszy spis w Polsce odrodzonej z 1921 r. na 3014 obywateli osady odnotował 1218 Żydów. W połowie lat 30-tych na 3550 mieszkańców było tu około 1500 Żydów. W 1939 r. po 17 września mieszkało w Dąbrowie 2350 Żydów.

2. Największe skupisko domów i placów żydowskich w Dąbrowie Białostockiej znajdowało się wokół głównego rynku, przy Placu Piłsudskiego, w rejonie rzeki Kropiwny i wokół kilku mostów. Żydzi mieszkali także przy ulicy Kamińskiej, Sztabińskiej, Suchowolskiej i Szkolnej. W tym też rejonie znajdował się, nieczynny już przed wojną, stary cmentarz (obecnie nie istniejący). Cmentarz nowy znajduje się przy rozwidleniu ulicy Sztabińskiej i Suchowolskiej. Dzielnica żydowska znajdowała się po zachodniej stronie rzeczki. Tu też stały 2 murowane bóżnice oraz kilka innych domów modlitwy. Mykwa znajdowała się w północnej części miasta nad rzeką. Ostatni rabini: do 1932 r. Mosze Gerszon Mowszowicz, po nim zaś Chaim Katz.

3. Główna synagoga została zbudowana z funduszy zebranych przez rabina Menachema Mendla. Usytuowana była nad samą rzeczką przy ulicy Sztabińskiej. Był to dużych rozmiarów, masywny, ceglany obiekt. Bóżnica ta czynna była jedynie w soboty i ważniejsze święta. Synagoga otwarta została w 1874 r. Kryta była dwuspadowym dachem. Charakterystyczne półokrągłe okna mieściły główną salę modlitewną, męską. 4 niewielkie okienka mieściły przedsionek i wewnętrzne wejście dla kobiet na osobną galeryjkę na piętrze. Bóżnica ta została zdewastowana przez wkraczające do Dąbrowy w 1941 r. oddziały niemieckie. Po wojnie rozebrana. Druga, mniejsza bóżnica została po wojnie całkowicie przebudowana i zaadaptowana na magazyn. Miał to być w świetle źródeł stary zbór kalwiński, który podczas zaboru pruskiego zakupiony został przez gminę żydowską i przerobiony na bóżnicę.

4. Rysunek głównej bóżnicy przy ulicy Sztabińskiej wykonano w oparciu o rekonstrukcję Abrahama K.Gusewicza i rekonstrukcję autora powstałą w wyniku wywiadów, relacji uzyskanych od starszych mieszkańców Dąbrowy, a w szczególności p. B.Markowskiego.

— M.A.Nevis, Dubrowa, Memorial to a Shtetl. River Vale, N.J. (USA). 1982. Tu rekonstrukcja Gusewicza.

— W.Bujnowski, Powiat Sokólski, jego przeszłość i teraźniejszość, Warszawa 1939.

Drohiczyn

The first Jews appeared very early, at the turn of the 13th century. Their number varied throughout the centuries, decreasing in the 1630s as a result of pogroms, in later times reaching up to 30% of the population. The synagogue was burnt down on the first day of the War in 1941. The last rabbi of Drohiczyn: Mordechaj Isaac Israel Tirnawski.

1. Żydzi pojawili się w Drohiczynie już na przełomie XIII i XIV wieku. Żydzi Ziemi Drohickiej byli objęci przywilejem Wielkiego Księcia Litewskiego Witolda z 1388 r. (Łuck) i z 1408 r. Pisał Wieremiej: „Drohiczyn wtedy był przepełniony ludnością żydowską". Nie wydaje się jednak, aby już wówczas istniała gmina. Pierwsza źródłowa wzmianka o Żydach w Drohiczynie pochodzi z 1487 r. W XV i XVI wieku Żydzi tutejsi byli nieliczni i zajmowali się kontrolą komór celnych i myt. Gmina żydowska powstała w I ćwiartce XVI wieku. W 1631 i 1637 r. na wskutek tumultów i pogromów liczba Żydów poważnie się zmniejszyła. W 1765 r. w Drohiczynie i okolicy mieszkało 880 starozakonnych. W 1799 r. na 984 mieszkańców, liczono tu ledwie 37 Żydów a w 1807 r. 60 Żydów. W 1847 r. Drohiczyński Okręg Bóżniczy liczył 181 starozakonnych. W 1861 r. po jednej stronie Bugu mieszkało 45 Żydów na 315 mieszkańców, a po drugiej 498 Żydów na 1402 mieszkańców. Spis z 1897 r. wykazał 784 wyznawców religii mojżeszowej. W 1921 r. było tu 814 Żydów (inne źródła mówią o 687), a w 1931 r. 711 Żydów (29%). W 1939 r. po 17 września było 700, a w 1942 r. około 500 Żydów.

2. Największe skupisko domów i placów żydowskich znajdowało się wokół rynku oraz wzdłuż głównej ulicy miasta, Piłsudskiego (Kraszewskiego). Żydzi mie-

Drohiczyn. Brama powitalna z okazji przybycia nuncjusza papieskiego. Po prawej stronie — bóżnica.
[The Jews welcome the Pope's nuncio. On the right — the synagogue.]

szkali także w sąsiedztwie centrum religijnego, które stanowiła główna bóżnica przy ulicy Piłsudskiego, tuż za nią szkoła żydowska oraz łaźnia (od ulicy Ciechanowieckiej). Żydzi mieszkali przy niewielkich uliczkach tej części miasta: Szkolnej, Zaułkowej i Bóżniczej. Przy ulicy Farnej znajdował się cheder. Cmentarz żydowski zlokalizowany był około 2 kilometry od miasta nad Bugiem, gęsto zadrzewiony. Ostatni rabini — Mordechaj Isaac Israel Tirnawski oraz Bystryn.

3. Główna bóżnica znajdowała się w bezpośrednim sąsiedztwie plebanii prawosławnej przy ulicy Piłsudskiego 9. Był to obiekt drewniany, częściowo obmurowany od strony frontalnej. Orientacyjne wymiary bóżnicy 12 x 15 m. Obok wejścia dla mężczyzn znajdowało się niewielkie wejście dla kobiet. Pan Rosochacki tak określił kształt i wielkość budynku: „Bóżnica... miała kształt prostokąta... Okna w niej były tak umieszczone, że dolny parapet był znacznie powyżej głowy. Wejście do bóżnicy normalnie w połowie długości budynku...” Bóżnica ta spłonęła w pierwszym dniu wojny 22 czerwca 1941 r. Widoczna na rysunku brama tuż obok bóżnicy (po prawej stronie) ustawiona była przez gminę żydowską z okazji przybycia do Drohiczyna nuncjusza papieskiego.

4. Rysunek wykonano w oparciu o zdjęcia i kserokopie dostarczone przez ks. E.Borowskiego i ks. G.Misiejuka.

— Drohiczyn-Book, wyd. Dawid Sztokfisz, Tel Aviv 1969 (hebr. i jidysz).

— Wieremiej F.Z. Stolica Jaćwierzy, Białystok 1938.

— Z dziejów Drohiczyna w historii, literaturze i legendzie, (maszynopis) Białystok, APB 1988.

— relacje E.Borowski, G.Misiejuk, W.Bogdański, A.Rosochacki, E.Laszuk i inni.

Gródek

Jews came to Gródek in the mid-17th century. In the 19th century the town was predominantly Jewish. There were five synagogues and two Hasiddim prayer houses. The famous rabbi Bernard Rosenblatt was born in Gródek in 1886. The last rabbis of Gródek: Nisan Brojde and Abraham Zelig Syjon.

1. Żydzi osiedlili się w Gródku w połowie XVII wieku. Inwentarz z 1677 r. wymieniał między innymi „szkolny plac żydowski”, a zatem już wówczas istniała synagoga (szkoła). W 1789 r. na 275 mieszkańców Gródka były tu 24 rodziny żydowskie. W 1799 r. na 472 obywateli, starozakonnych było 93, w 1807 r. pomimo spadku ludności miasta (335) ludność żydowska liczyła 164 osoby. W 1847 r. Gródecki Okręg

Gródek. Stara drewniana bóżnica.
[The old wooden synagogue.]

Bóżniczy liczył 454 Żydów. W 1878 r. było tu 1340, a w 1897 r. aż 2513 Żydów (78,3%). Pierwsze spisy w Polsce odrodzonej wykazały: w 1921 r. 1508, a w 1931 r. 1385 wyznawców religii mojżeszowej. W okresie okupacji niemieckiej w getcie przebywało około 1500 Żydów.

2. Największe skupisko domów i placów żydowskich znajdowało się przy ulicy Michałowskiej (3 bóżnice), w rejonie rynku (główna bóżnica) oraz przy ulicy Zarzeczańskiej i Fabrycznej (Świerczewskiego). Drugie centrum religijne znajdowało się za rzeczką. Łaźnia żydowska usytuowana była tuż za główną bóżnicą. W sumie było w Gródku 5 bóżnic, w tym 1 murowana: „Ohel Jakoowa", „Altfrankische", „Habanim", „Łuński Beth Midrasz", bóżnica „Piaskowa", oraz 2 chasydzkie domy modlitwy: Klaus Kobryński i Klaus Słonimski. Cmentarz żydowski był w północnej części miasta. W Gródku urodził się słynny rabin Bernard Rosenblatt (1886). Ostatni rabini: Nisan Brojde i Abram Zelig Syjon.

3. Najstarsza bóżnica „Altfrankische Beth Midrasz" (Starożytna), wzniesiona została na początku XIX wieku. Usytuowana była tuż obok „Habanim Beth Midrasz". W 1893 r. bóżnica ta z inicjatywy rabina Nisana Brojde (poprzednio rabina w Krewie) została przebudowana. Autorem projektu przebudowy był gubernialny architekt Romanow. W rezultacie obiekt został powiększony, lecz stracił swój pierwotny charakter. Bóżnica przykryta była dwuspadowym dachem. Widoczne na rysunku osobne wejście dla kobiet na piętrze (galeryjki). Po wojnie obiekt został zdemolowany i rozebrany.

Gródek. Murowana bóżnica. [The stone synagogue.]

W rynku przy ulicy Zabłudowskiej stała murowana bóżnica zwana „Piaskową". Wzniesiona została na przełomie XIX i XX wieku. Był to prosty halowy obiekt, kryty dwuspadowym dachem. Ozdobnie potraktowano jedynie szczyt i fronton. W okresie międzywojennym bóżnica ta była remontowana. Synagoga została spalona, przypuszczalnie w 1943 r.

Przy ulicy Michałowskiej (w 1913 Niczbockiej) znajdowała się główna, drewniana bóżnica zwana „Habanim Beth Midrasz" (Budowniczy). Był to klasyczny prosty dom modlitwy kryty 4-spadowym kopertowym dachem z blachy. Charakterystyczne okna zakończone półkoliście, mieściły główną męską salę modlitewną. Bóżnica ta posiadała wspaniały „Aron Ha Kodesz"

Gródek. Drewniana bożnica „Habanim".
[The wooden synagogue „Habanim".]

zbudowany w Kożangorodku (obecnie Białoruska SRR) przez Mejera Zysmana z Białegostoku. Bóżnica spłonęła w czerwcu 1941 r.

Około 1909 r. przy ulicy Fabrycznej wzniesiona została kolejna, drewniana bóżnica. Jej fundatorem był Wolf Goldfarb, który na cześć swojego pobożnego przodka nazwał ją „Ohel Jakoowa". Bóżnicę wzniesiono w miejscu starej, rozebranej synagogi. Był to prosty obiekt przykryty dwuspadowym dachem. Ozdobnie potraktowany został jedynie fronton bóżnicy. „Ohel Jakowa" w okresie niemieckiej okupacji został zbeszczeszczony a potem rozebrany.

4. Rysunki wykonano w oparciu o zdjęcia z książki „Horodok, In memory of the jewish community", Israel 1963 („Altfrankische", s.74 i „Habanim", s.30); Archiwum Fotograficzne, dawne KC PZPR, hasło Gródek (bóżnica „Piaskowa"); relacje i rysunki Nadziei Dudzik i Mosze Siemiona (Ohel Jakoowa"); Archiwum w Grodnie, CGIA, Zespół 8 Dział 2, teka 835 i teka 1934 (projekty bóżnic „Altfrankische Beth Midrasz" oraz „Ohel Jakoowa").

Gródek. Bóżnica „Ohel Jakoowa"
[The Ohel Jakoow synagogue.]

— Horodok, op. cit.

— Archiwum w Grodnie, op. cit.

— Gródek, Studium historyczno-urbanistyczne, opr. Z. Piłaszewicz, Białystok 1983, BBIDZ (tu plan miasta z 1913 r.).

153

Hajnówka

**Hajnówka was one of the latest kahals
in the Białystok region, dating from
the end of the 19th century
and marking the development
of the timber industry in the area.
The wooden synagogue was destroyed
on the day the German Army entered
Hajnówka.
The last rabbi of Hajnówka:
Jehuda Lejb.**

1. Żydzi osiedlają się w Hajnówce pod koniec XIX w. Była to jedna z najmłodszych gmin żydowskich Białostocczyzny. Napływ Żydów był wynikiem rozwoju przemysłu drzewnego oraz dostępu do linii kolejowej (od 1906 r.). Gmina żydowska zawiązała się jednak dopiero tuż przed I wojną światową. W 1921 r. na 748 mieszkańców liczono w osadzie 41 starozakonnych. W 1937 r. Hajnówka liczyła aż około 12 tys. mieszkańców, w tym około 250 Żydów. W latach 1939—1942 przebywało w Hajnówce około 600 Żydów.

2. Największe skupisko domów i placów żydowskich znajdowało się w pobliżu głównej bóżnicy przy ul. Targowej (obecnie M. Buczka), na placu Orzechowskich, w tzw. Zaułku Młynarskim oraz w sąsiedztwie szkoły żydowskiej przy ul. Polnej (obecnie Grunwaldzkiej) w domu Sokoła. Naprzeciw szkoły znajdowała się łaźnia żydowska (mykwa) zbudowana na krótko przed wojną a rozebrana w 1940 r. Żydzi hajnowscy mieszkali także w rejonie ulicy Batorego (obecnie Waryńskiego) i Lipowej.

Żydzi tutejsi grzebani byli na cmentarzach żydowskich w Narewce i Orli. Ostatni rabin Jehuda Lejb (?).

3. Główna synagoga (był jeszcze niewielki dom modlitwy) wzniesiona została na kamiennym fundamencie około 1927/8 r. z bali drewnianych. Jej orientacyjne wymiary: 12 x 20 m, wysokość około 5—5,5 m. Znajdowała się przy ulicy Targowej. Nad wejściem znajdo-

*Hajnówka. Główna drewniana bóżnica.
[The central wooden synagogue.]*

154

wał się blaszany falowany daszek. Drugie wejście było od strony północnej dla kobiet i prowadziło na drewnianą antresolę—galeryjkę. Wnętrze było malowane bogato freskami i ornamentami wziętymi z Biblii. Dominowały kolory biało-niebieskie. Dach dwuspadowy, sfalowany, kryty blachą pomalowaną również na kolory biało-niebieskie. Wokół dachu ozdobny fryz. Ściany szalowane. Na froncie charakterystyczny detal Gwiazdy Dawida. Łuki (daszek, dach główny, zwieńczenia okien) nawiązywały wyraźnie do architektury cerkiewnej charakterystycznej dla tego regionu. Okna wysokie, niewielkie z kolorowanymi szybkami. Obiekt został spalony przez Niemców 25 czerwca 1941 r. poprzez wrzucenie do wnętrza ręcznych granatów (w dniu zajęcia przez okupanta Hajnówki). W miejscu byłej bóżnicy znajduje się obecnie stacja TRAFO.

4. Rysunek wykonano w oparciu o rysunki, rekonstrukcje i relacje pp. Aleksandra Zina i Tadeusza Bołoza.

Informacje na podstawie wywiadów i relacji: A. Zin, T. Bołoz, L. Sawicki, ks. A. Trochimiak, B. Sulima, ks. A. Dziewiatowski.

Jałówka

**The probable Jewish settlement
dates from the 18th century.
Two wooden synagogues built
in the mid-19th century perished
during the Nazi Occupation.
The last rabbi of Jałówka:
Icchok „Icek" Podorowski.**

1. Żydzi osiedlili się w Jałówce przypuszczalnie u schyłku XVIII wieku. W 1847 r. mieszkało tu już 372 starozakonnych. Spis z 1878 r. wykazał w Jałówce 668 Żydów, przeważnie cieśli i kotlarzy. „Po pierepisy" w 1897 r. na 1311 mieszkańców miasteczka liczono 743 starozakonnych. Pierwszy spis przeprowadzony w Polsce Odrodzonej z 1921 odnotował na 1211 obywateli Jałówki, 588 Żydów. W 1938 r. mieszkało tu około 100 rodzin żydowskich, a w 1939 r. po 17 września liczono tu około 850 wyznawców religii mojżeszowej.

2. Największe skupisko domów i placów żydowskich znajdowało się wokół rynku a także przy ulicy Dwornej i Białostockiej. Dzielnica żydowska zlokalizowana była w północnej części osady. Właściwe centrum religijne wraz z dwoma bóżnicami znajdowało się przy ulicy Szerokiej. W jednej z bóżnic znajdował się cheder. Łaźnia nad rzeczką Jałówką przetrwała po dziś dzień. Stary cmentarz znajdował się tuż koło bóżnic; zlikwidowany przez Niemców. Drugi cmentarz, nowy, przetrwał w szczątkowej

Jałówka. Dwie drewniane synagogi.
[Two wooden synagogues.]

postaci przy rozwidleniu traktów na Kondratki i Gonczary. Ostatni rabin — Icchok „Icek" Podorowski.

3. Dwie bóżnice drewniane zostały wzniesione około połowy XIX wieku. Znajdowały się w bliskiej od siebie odległości. Jedna z nich (na rysunku po lewej stronie), „bogatsza", z charakterystycznymi, półokrągłymi oknami służyła Żydom zamożnym i pobożnym, a nawet tzw. „skakunom". W drugiej mieścił się prócz salki modlitw niewielki cheder. Kobiety modliły się w bóżnicy „bogatej" na galeryjkach na piętrze. Jedna z bóżnic została rozebrana w okresie okupacji niemieckiej i przewieziona do Dublan, drugą zaś spalili Niemcy, gdy wycofywali się z miasteczka w 1944 r.

4. Rysunki wykonano w oparciu o relacje, szkice, opisy ks. M. Konachowicza, J. i M. Hajduczenia, A. Romanowskiej i starszych mieszkańców Jałówki.

— O gminie żydowskiej w Jałówce wspomina się w: Memorial Book of Piesk, Mosty, Israel 1975.

Janów Sokólski

Jews settled in Janów Sokólski in the 17th century and with time came to be the majority of the population (78% in 1897). The wooden synagogue was among the most impressive in the region, with a monumental three-storey roof. This magnificent structure was burnt down by the Nazis. The last rabbis of Janów Sokólski: Nisan Perelsztejn, Jehoszucha Kralusz and Zalman Kosowski.

1. Żydzi osiedlili się w Janowie Sokólskim już w XVII wieku. W 1719 r. biskup wileński zezwolił na budowę synagogi, którą wzniesiono dopiero w 1740 r. po

Janów Sokólski. Słynna drewniana synagoga. [The famous wooden synagogue.]

potwierdzeniu zgody z 1736 r. W 1775 r. liczono w Janowie 50 „dymów" (obejść, domów) chrześcijańskich i 48 żydowskich. W 1789 r. proporcje te uległy zmianie: 62 „dymy" chrześcijańskie i 74 żydowskie. W dziesięć lat później liczono w Janowie 328 Żydów. Spis carski z 1807 r. na 1013 mieszkańców wykazał 526 starozakonnych. W 1847 r. Janowski Okręg Bóżniczy liczył 1283 Żydów. W 1878 r. na 1534 obywateli Żydów było 997. Odnotowano tu wówczas 4 domy modlitwy. W 1897 r. na 2296 mieszkańców, Żydzi stanowili 78, 3% czyli 1797. W 1921 r. na 1509 mieszkańców starozakonnych było już tylko 1027. Około 1937 r. oceniano liczbę Żydów na 1100. W 1939, po 17 września przebywało w Janowie około 2500 Żydów.

2. Największe skupisko domów i placów żydowskich znajdowało się wokół rynku w bliskim sąsiedztwie głównej drewnianej bóżnicy, czyli we wschodniej pierzei rynku. Właściwa dzielnica żydowska znajdowała się w północno-wschodniej części miasta. W północnej części miasta — stary cmentarz, dziś poważnie zniszczony. Żydzi mieszkali także przy ulicy Sokólskiej, Szkolnej i Łaziebnej. Ostatni rabini w Janowie Sokólskim: Szneur, Nisan Perelsztejn, Jehoszucha Kralusz i Zalman Kosowski.

3. Główna, drewniana bóżnica została wzniesiona w połowie XVIII wieku. Orłowicz podał datę jej zbudowania na 1740 r. Pozwolenie na jej budowę wydał 26 października 1719 r. biskup wileński Konstanty Brzostowski, potwierdził je biskup Maciej Ancuta, a ostateczną decyzję wydał biskup Michał Zienkiewicz 16 kwietnia 1736 r. Bóżnica janowska należała do najbardziej interesujących obiektów sakralnych wyznawców religii mojżeszowej. Duże wrażenie czynił monumentalny trzykondygnacyjny

157

dach kryty gontem. Nad oknami ściany głównej obiegał dookoła ozdobny fryz. W dachu wmontowano niewielkie lukarny. Od strony północnej i południowej dobudowano na początku XIX wieku (?) parterowe babińce. Sale modlitewne kobiet kryte były dachami pulpitowymi. Ta wspaniała bóżnica została spalona przez Niemców podczas II wojny światowej.

4. Rysunek wykonano w oparciu o materiały ikonograficzne znajdujące się w zbiorach Instytutu Sztuki Polskiej Akademii Nauk autorstwa Szymona Zajczyka.

— Janów, Studium historyczno-urbanistyczne, opr. J. Kubiak, Warszawa 1974 (BBIDZ Białystok).

— St. Szyroki, Monografia parafii janowskiej w dekanacie sokólskim woj. białostockiego 1936.

Jasionówka

The Jewish settlement dates from the 16th century, when Jasionówka was only a village. The influx of Jews a century later was connected with the appearance of the Tartars who developed leather manufacturing handled by Jewish merchants. Two synagogues (one brick) were partly destroyed by the Germans and pulled down after the War. The last rabbi of Jasionówka: Tanchum Gierszon Bilicki.

1. Żydzi pojawili się w Jasionówce już w XVI wieku, kiedy była to jeszcze wieś (prawa miejskie Jasionówka uzyskała w 1642 r.). Większy napływ Żydów do Jasionówki nastąpił — jak pisał Antoniuk — w II połowie XVII wieku i spowodowany był osiedleniem się tutaj licznej kolonii Tatarów, którzy rozwinęli garbarstwo i kuśnierstwo. Kupcy żydowscy zajęli się zbytem jasionowskich rzemieślników-Tatarów a z czasem przejęli całkowicie ten sektor produkcji. W 1676 r. płaciło w miasteczku podatek 45 osób, w tym 21 Żydów. W 1765 r. w Jasionówce i okolicy mieszkało 242 Żydów. Tworzyli oni przykahałek podporządkowany kahałowi okręgowemu w Tykocinie. W 1799 r. na 683 mieszkańców, starozakonnych liczono 346. W 1847 r. Jasionowski Okręg Bóźniczy liczył 951 wyznawców religii mojżeszowej. Spis z 1878 r. na 1452 obywateli miasta odnotował aż 1064 Żydów. „Po pierepisy" z 1897 r. na 1565 mieszkańców było tu 1154 Żydów (73,7%). Pierwszy spis w Polsce odrodzonej z 1921 r. wykazał w Jasionówce 1306 Żydów na 1759 mieszkańców, a z 1931 r. 1279

Żydów na 1879 mieszkań-ców. W 1939 r. po 17 wrześ-nia przebywało w Jasio-nówce około 1980 Żydów.

2. Żydzi mieszkali w cen-trum miasta, w południowej pierzei rynku oraz przy uli-cach: Knyszyńskiej, Biało-stockiej, Szkolnej (jej oficjal-na nazwa 3 Maja). Domy żydowskie stały także przy ulicy Nowej i 11 Listopada. Centrum religijne znajdowa-ło się pomiędzy rzeczką a głównym rynkiem. Tu znajdowały się 2 bóżnice,

Jasionówka. Drewniana i murowana bóżnica.
[The stone and the wooden synagogue.]

stary cmentarz żydowski oraz mykwa. Stary cmentarz żydowski w centrum miasta istniał już w XVII wieku. Oficjalną zgodę na założenie cmentarza uzyskali Żydzi dopiero w 1731 r. (prawnie dopiero od 1750 r.). Nowy cmentarz założono w 1800 r. przy drodze na Korycin, Słomianki. Cmentarz stary gromadzi dziś 3-4 macewy, nowy — około 400. Ostatni rabin jasionowski — Tanchum Gierszon Bilicki.

3. Pierwsza jasionowska bóżnica została wzniesiona już w połowie XVII wieku. Dopiero w końcu osiemnastego stulecia wzniesiono dużych rozmiarów murowaną bóżnicę. Był to prosty murowany obiekt, kryty kopertowym dachem z dachówką (wcześniej gontem). Na rysunku widoczny po lewej.

Obok tej bóżnicy w 1864 r. rozpoczęto budowę (w miejscu najstarszej) nowej bóżnicy. Budowę finansowała gmina żydowska, głównie jednak dzięki funduszom Abrama Krypniańskiego, Fajwela Moszkowicza Rozenbluma i Szmuela Prejtmana. Budynek bóżnicy przypominał inne drewniane domy w Jasionówce, był jednak od nich znacznie większy. Bóżnica kryta była dwuspadowym dachem z dachówką. Te dwie bóżnice zostały częściowo spalone przez Niemców, a po wojnie całkowicie rozebrane.

4. Rysunki bóżnicy murowanej i drewnianej wykonane w oparciu o oryginalne zdjęcie Jasionówki z 1916 r., będące w posiadaniu p. J. Hryniewickiego oraz w opar-ciu o plany Jasionówki (lokalizacja bóżnic)

— Archiwum Grodno, CGIA, zespół 2, dział 38, teka 619, karta 325.

— J. Antoniuk, Jasionówka (maszynopis).

— ks. W. Laszuk, Historia kościoła i parafii w Jasionówce, „Wiadomości Kościelne" 1979, nr. 3.

— T. Wiśniewski, Dokumentacja ewidencyjna cmentarza żydowskiego w Jasionów-ce, Białystok, BBIDZ 1989; tenże, Gmina żydowska w Jasionówce, „Białostoczyzna" 1990, nr 3(19).

— relacje, szkice, opisy Mosze Gonew (Goniądzki), Kalman Kania, Kuc Jan, J. Hryniewicki.

Kleszczele

Izaac Brodawka was given permission to build a brewery in Kleszczele in the 16th century and a small number of Jews lived there till 1688 when the town started to restict settlement through the „de non tolerandis judaeis" laws. After the Partition of Poland small numbers of Jews gradually moved into Kleszczele. The first wooden synagogue had been built by the beginning of the 19th century; in 1881 a new one was erected, architecturally resembling Hasiddim prayer houses.

1. Już w XVI wieku Izaac Brodawka z Brześcia Litewskiego otrzymał królewski przywilej na budowę w Kleszczelach browaru (1580 r.?). Od tego czasu istniało tutaj niewielkie skupisko żydowskie nie tworzące jednak gminy. W 1674 r. rejestr „pogłównego" opłaciło tu 13 starozakonnych, a w 2 lata później 10 starozakonnych. W 1688 r. mieszczanie Kleszczel uzyskali przywilej zabraniający zamieszkiwania Żydom w mieście „de non tolerandis judaeis". Od tego czasu do rozbiorów Polski Żydów w Kleszczelach nie było. Spis z 1799 r. na 1888 mieszkańców wykazał tu 58 wyznawców religii mojżeszowej, a w 1807 r. było ich już 75. Według spisu z 1847 r. Kleszczelski Obwód Bóżniczy liczył zaledwie 6 Żydów. Była to prawdopodobnie statystyczna pomyłka. W 1878 r. mieszkało w osadzie 435, a w 1897 r. już 710 Żydów. Spis z 1921 roku wykazał w Kleszczelach 621 Żydów, a w 1931 r. 645 Żydów na 2053 mieszkańców. W 1939 r. po 17 września mieszkało około 750, a w 1942 r. 400 Żydów.

2. Dzielnica żydowska w Kleszczelach z uwagi na niewielki odsetek Żydów w mieście nie została wyk-

Kleszczele. Drewniany dom modlitwy.
[The wooden house of prayer.]

sztalcona. Żydzi mieszkali głównie w rynku oraz wzdłuż ulic bezpośrednio z rynkiem graniczących. Główna bóżnica usytuowana była przy ówczesnej ulicy Chodiewnickiej (Przechodniej?), w okresie międzywojennym, Kościelnej. Żydzi mieszkali także przy ulicy Ciasnej, Kościuszki, Kopernika i Łaziebnej. W niedalekim sąsiedztwie od bóżnicy znajdowała się łaźnia żydowska oraz szkółka religijna „Talmud Tora". Cheder był zlokalizowany w jednym z budynków pomocniczych przy bóżnicy. W okresie międzywojennym Kleszczele nie miały rabina. Na uroczystości przybywał rabin z Orli. Cmentarz żydowski był położony około 1500 metrów od miasta przy drodze na Czeremchę.

3. Pierwsza drewniana bóżnica istniała na początku XIX wieku. W 1881 r. obiekt ten spłonął wraz z częścią miasta. W jej miejsce 30 września 1881 r. z inicjatywy i w dużej mierze przy własnym wsparciu finansowym Mosze Gwin rozpoczął wznoszenie nowej drewnianej bóżnicy. Obiekt usytuowany był tuż obok rynku. Swoim wyglądem bóżnica kleszczelska przypominała drewniane bóżnice chasydzkie, między innymi w Baranowiczach (Baranowice, Yizkor Bukh, Tel Aviv 1953, ss. 231-232). Główna sala modlitewna znajdowała się wzdłuż ulicy i oświetlona była przez cztery wysokie okna. Kobiety modliły się na galeryjce w specjalnie zbudowanej przybudówce przypominającej osobny piętrowy budynek przylegający do zasadniczej bóżnicy w charakterze przedsionka. Obiekt kryty był dachówką. W okresie okupacji niemieckiej bóżnica ta została rozebrana a z jej materiałów zbudowano dom mieszkalny przy ulicy Boćkowskiej.

4. Rysunek wykonano w oparciu o projekty i plany bóżnicy z Archiwum w Grodnie, CGIA, zespół 8, dział 2, teka 309. Prezentowany w części zdjęciowej fragment szkoły żydowskiej-chederu prezentuje jego stan z 1926 r. Oryginał R. Misiejuk, negatyw PKZ Białystok; Kleszczele. Studium historyczno-urbanistyczne, opr. B. Tomecka, BBIDZ.

Knyszyn

**The Jewish settlement near this royal
court dates back to the 16th century.
The „de non tolerandis judaeis"
privilege had limited the settlement
till the Partition of Poland.
The 1921 census indicated 1235 Jews
(35% of the population). The town had
2 brick synagogues, a private
prayer-house and mikva.
The oldest wooden synagogue was
destroyed in the town fire in 1915.
The last rabbi of Knyszyn:
rabbi Miszkiński.**

Knyszyn. Projekt murowanej synagogi.
[The design of the stone synagogue.]

1. Żydzi obecni byli w Knyszynie w pobliżu królewskiego dworu już w II połowie XVI wieku. Najstarsza znana źródłowa wzmianka pochodzi z 1605 r. Późniejsza kolonizacja dokonała się na obszarze wyjętym spod jurysdykcji magistratu, bowiem Knyszyn od 1672 r. posiadał przywileje „de non tolerandis judaeis". W 1679 r. przebywało w mieście kilka żydowskich rodzin (0,9%) i ta liczba stopniowo wzrastała. Około 1700 r. powstała gmina żydowska. Od 1719 r. Żydzi mieszkali w Knyszynie prawnie. Od 1750 r. posiadali legalnie swój cmentarz (w rzeczywistości istniał prawdopodobnie wcześniej). W 1788 r. w dekanacie knyszyńskim mieszkało 213 Żydów. W 1799 r. na 1295 mieszkańców było tu 243 starozakonnych, w 1807 r. już 308. W 1847 r. Knyszyński Okręg Bóżniczy liczył 985 wyznawców religii mojżeszowej. Około 1878 r. mieszkało w mieście 1797, a w 1897 r. 1878 Żydów (na 3864 mieszkańców). Pierwszy spis w Polsce Odrodzonej z 1921 r. wykazał na około 3500 mieszkańców 1235 Żydów (35%). W 1939 r. po 17 września było tu 1450, a w 1941 r. prawie 2000 Żydów.

2. Żydzi mieszkali w Knyszynie wokół głównego rynku, zajmując przed wojną około 90% wszystkich domostw w rynku. Domy żydowskie znajdowały się także przy ulicy Białostockiej, Grodzieńskiej, Dwornej i Szkolnej-Bóżniczej. W mieście istniały 2 murowane bóżnice i 1 prywatny dom modlitewny. Przy ulicy Szkolnej znajdowała się łaźnia, dom rabina oraz cheder. Cmentarz żydowski położony był na starych królewskich sadzawkach pochodzących z XVI wieku. Obok starego cmentarza w 1930 r. założono nowy cmentarz. Cmentarze stary i nowy znajdują się w południowo-zachodniej części, w odległości około 1 kilometra od miasta. W Knyszynie urodził się w 1863 r. słynny rabin Mosze Landinski. Ostatni rabin knyszyński — Miszkiński.

Knyszyn. Murowana synagoga (1941).
[The central synagogue.]

Jego syn Mosze Miszkiński jest obecnie znanym profesorem w Izraelu.

3. Najstarsza drewniana bóżnica znajdowała się przy ulicy Tykockiej i spłonęła w pożarze miasta w 1915 r. W jej pobliżu na tzw. „Wypuście" przy ul. Szkolnej (Berka Jeselewicza) wzniesiono nową, murowaną bóżnicę „Bejsa Jaszur" przeznaczoną dla biedniejszych Żydów. Została ona zniszczona przez Niemców podczas ostatniej wojny i rozebrana w latach 1950-55.

Przy rynku na zapleczu ulicy Grodzieńskiej w latach 1898-1900 wzniesiono murowaną bóżnicę „Orach Chaim". Był to prosty obiekt, kryty dwuspadowym dachem z blachy wzniesiony w stylu neoklasycznym. W szczycie i frontonie widoczne tablice mojżeszowe i Gwiazdy Dawida. W latach 1934-1935 synagoga była przebudowana. W okresie II wojny światowej budynek został zniszczony a następnie przebudowany. W okresie okupacji radzieckiej został przykryty kopertowym dachem, znikły także wszystkie detale i ornamenty. Obiekt służył jako magazyn paszowy. W latach 1982-1986 dawna bóżnica została ostatecznie rozebrana.

4. Rysunek 1 prezentuje bóżnicę według pierwotnego projektu z 1898-1900 r. w oparciu o zachowane archiwalia w Archiwum w Grodnie, CGIA, zespół 8, dział 2, teka 1332, karta 14. Rysunek 2 — w oparciu o zdjęcia autora z lat 1979-1984.

— Ks. K. Cyganek, Kronika parafialna Kościoła Knyszyńskiego, Knyszyn 1944 (maszynopis, egz. „E" WBP).

— J. Maroszek, T. Wiśniewski, I. Plichta-Wiśniewska, Dokumentacja ewidencyjna cmentarza żydowskiego w Knyszynie, BBIDZ Białystok 1990.

— APB, Zespół Okręgowa Bóżnica w Knyszynie, sygn. 1.

— Synagoga, Knyszyn, Inwentaryzacja architektoniczno-konserwatorska, opr. L. Małkowski, PKZ Warszawa 1979.

— Knyszyn. Studium historyczno-urbanistyczne, opr. B. Tomecka, Białystok 1983, BBIDZ.

Korycin

The Tykocin kahal settled Jews in nearby Korycin at the begining of the 19th century. Later the town came to be predominantly inhabited by Jews. The main wooden synagogue from the mid-19th century reportedly contained masterpieces of wood-carving. All religious buildings in Korycin were pulled down by the Nazis. The last rabbi of Korycin: Chaim Mojzeson.

Korycin. Główna drewniana bóżnica.
[The central wooden synagogue.]

1. Żydzi mieszkali w Korycinie już na początku XVII w. Zasiedlenia dokonała gmina żydowska w Tykocinie. Ks. Józef Kaczyński pisze, iż w tym stuleciu miasto przepełnione było samymi Żydami, a publikacja „Miasta Polskie w Tysiącleciu" podaje, że w 1722 r. „miasto zamieszkiwali sami Żydzi". Istniała wówczas także synagoga. Od 1744 r. tutejszą parafię katolicką wspierały sumy złożone na synagodze tykocińskiej. W 1764 r. słyszymy o znanym kupcu żydowskim z Korycina (Jankiel Józiowicz). Spis z 1799/1800 r. na 158 mieszkańcow wykazał aż 127 Żydów, a w 1807 r. na 233 mieszkańców 149 starozakonnych. W 1878 r. liczono tu 461, a w 1897 r. 411 Żydów, z czego 4 spisano jako przynależnych do stanu chłopskiego. W 1921 jest tu 265, a w 1927 r. ok. 320, Żydów. W 1939 r. po 17 września przebywało w Korycinie około 1000 Żydów.

2. Największe skupisko domów i placów żydowskich znajdowało się przy rynku. Żydzi mieszkali także przy ul. Białostockiej, Browarnej, Knyszyńskiej i na początku Grodzieńskiej. Dzielnica żydowska znajdowała się w północnej części rynku. Tu też usytuowana była główna bóżnica, dom modlitwy oraz żydowska łaźnia. Cmentarz żydowski: w południowej części przy trakcie na Krukowszczyznę. Kamienne ogrodzenie jak i większość macew zużyto na budowę drogi w okresie okupacji niemieckiej. Cmentarz zaorany przez Niemców w czasie wojny. Ostatni rabin — Chaim Mojzeson.

3. Główna „świąteczna" bóżnica stała w rynku przy ul. Białostockiej na zabudowanym placu. Był to spory, drewniany obiekt z połowy XIX w. o wymiarach 8,5 x 12m. 4 wysokie okna mieściły salę modlitewną męską. W świetle relacji wnętrza obiektu wraz z ołtarzem zaliczały się do arcydzieł sztuki snycerskiej. W tym obiekcie znajdował się także cheder. Obok, ok. 20 metrów od bóżnicy, stała drewniana łaźnia żydowska. Mniejszy dom modlitewny stał przy samym rynku. Był to niski, drewniany, częściowo obmurowany budynek, który przetrwał wojnę, potem został przebudowany i wreszcie rozebrany. Te trzy budynki zostały przez Niemców rozebrane (dom modlitewny częściowo) a fundamenty użyto do brukowania ulic oraz drogi Jasionówka — Korycin.

4. Rysunek wykonano w oparciu o relacje, szkice Szmuela Goldberga (Izrael) i Wiktora Bakuna.

— ks. J. Kuczyński, Kronika parafii Korycin, „Wiadomości Kościelne Archidiecezji w Białymstoku" 1978, nr 2.

— Korycin. Studium historyczno-urbanistyczne, opr. J.Kubiak, Warszawa 1976, BBIDZ Białystok.

Krynki

Jews settled here in the mid-17th
century. In 1662 they were granted
permission to build a synagogue,
a mykva and a cemetary. In the late
18th century the Krynki kahal was
the second largest Jewish community
after the district kahal in Grodno.
Mass emigration at the turn of the 19th
century significantly decreased
the number of Jews in the town.
Several synagogues functioned
in Krynki and the ruins of some can
still be seen here. The Great
Synagogue at Garbarska Street
replaced the old wooden one destroyed
by fire in 1756. It was a magnificent
and sturdy building which partly
survived the German explosion in 1944,
only to be finally blown up in 1971.
The last rabbi of Krynki:
Josif Hazekiel Miszkowsky.

---

1. Żydzi osiedlają się w Krynkach w I połowie XVII wieku. W 1639 r. uzyskują przywilej na kupowanie placów i budowanie domów od króla Władysława IV. W 1662 r. otrzymują przywilej na zbudowanie synagogi, łaźni i założenie cmentarza. Kolejne przywileje z 1669 i 1745 r. W 1765 r. podług spisów mieszkało w Krynkach i okolicy 1285 Żydów (w przykahałku 186). Były Krynki w owym czasie drugą co do wielkości gminą żydowską po kahale okręgowym w Grodnie. W 1847 r. Kryński Okręg Bóżniczy liczył 1856 starozakonnych. W 1878 r. na 3336 mieszkańcow Żydów liczono prawie 85% tj. 2823. W 1897 r. było tu już 3542 Żydów, a w 1905 r. na około 6000 mieszkańców Żydów było około 4500. Później nastąpił gwałtowny spadek liczby mieszkańców—Żydów. W 1921 r. na 5206 mieszkańców Żydów było 3495, a w 1939 r. po 17 września w Krynkach mieszkało około 4000 Żydów.

2. Główne skupisko domów i placów żydowskich znajdowało się w centrum miasta, wokół rynku oraz wzdłuż ulicy Garbarskiej. Żydzi mieszkali także w północnej części miasta; tam też był rozległy cmentarz. Do 1939 r. funkcjonowały w Krynkach: Duża Synagoga („Beth Ha Kneseth"), „Duży Beth Midrasz", Beit Tefila „Chajej Adam"

Krynki. Wielka murowana synagoga. [The Great Synagogue.]

(Życie Człowieka), „Jentes Beth Midrasz", bóżnica słonimskich chasydów, „Kaukaski Beth Midrasz" oraz „Chasodim Sztibl Beth Midrasz" (Klaus: bóżnica chasydów ze Stolina: Polesie). Do naszych czasów dochowały się ruiny Wielkiej Synagogi oraz budynki dawnych bóżnic: „Kaukaskiej" i chasydzkiej. Ostatnim rabinem urzędującym w Krynkach był Josif Hazekiel Miszkowsky.

3. Wielka Synagoga przy ul. Garbarskiej została zbudowana w miejscu starej, drewnianej w roku 1756. Wykonana została z ciosów granitowo-narzutowych na zaprawie wapiennej. Jedynie glify i nadproża wykonano w cegle. Podczas jej budowy wykonano kilkudziesięciometrowy chodnik, po którym wtaczano ogromne głazy. Na przełomie XIX i XX wieku była remontowana i częściowo przebudowana. Założono wówczas żelazne ściągacze, które miały zapobiec odchylaniu się ściany wschodniej. Synagoga zbudowana została w stylu klasycystycznym. Elewacja frontowa skierowana była ku rynkowi. Obiekt był tynkowany na rzucie prostokąta, dwukondygnacyjny i podpiwniczony. Bóżnica posiadała obszerny przedsionek oraz 2 przybudówki (babińce). Kryta była dwuspadowym dachem. Przybudówki pokrywał dach pulpitowy. Całość kubatury wynosiła 7400 m kw. W okresie rewolucyjnych napięć 1905 r. w jej wnętrzu wygłaszano rewolucyjne przemówienia. W okresie okupacji niemieckiej wykorzystywana była jako magazyn wojskowy. Był tu między innymi warsztat remontowy czołgów. W 1944 r. została wysadzona przez Niemców. Obiekt jednak nie uległ całkowitemu zniszczeniu dzięki swojej potężnej konstrukcji. Po wojnie sporządzono

plany jej odbudowy i zagospodarowania w charakterze kina. Ostatecznie została wysadzona w 1971 r.

Przy ulicy Grochowej znajduje się po dziś dzień budynek dawnej bóżnicy słonimskich chasydów. Jest to ceglany obiekt wzniesiony w II połowie XIX wieku. Mieściła się tu także szkoła religijna. Obiekt ma dwie kondygnacje i jest kryty łamanym, czterospadowym dachem. W części zachodniej przybudówka. Charakterystyczne półokrągłe okna. W latach 80-tych XIX wieku częściowo spalona i ponownie odbudowana. Obecnie mieści magazyn gospodarczy.

„Kaukaski Beth Midrasz" był przy ul. Białostockiej-Górnej. Nazwę swą

Krynki. Bóżnica chasydzka. [The Hassidim-Sztibl.]

zawdzięcza robotniczej biednej dzielnicy zwanej „Kaukaz". Przemysł garbarski w Krynkach sprowadzał skóry właśnie z okolic Kaukazu (stąd nazwa). Obiekt został wzniesiony w połowie XIX wieku. Jest to bóżnica murowana, dwukondygnacyjna z czterospadowym kopertowym dachem. Okna rozmieszczono nieregularnie z charakterystycznymi półkolistymi zwieńczeniami. Ozdobny fryz i gzymsy. Podczas II wojny światowej spalona. W 1955 r. odbudowana i adaptowana na kino. Podczas przebudowy zniesiono konstrukcję bimy i zamurowano otwory babińców. Całkowita kubatura obiektu wynosiła 1536 m kw.

4. Rysunek Wielkiej Synagogi wykonano w oparciu o zdjęcia znajdujące się w BBIDZ w Białymstoku oraz w zbiorach autora. Rysunek bóżnicy chasydzkiej w oparciu o zdjęcia autora. Rysunek bóżnicy „Kaukaskiej" na podstawie zdjęć autora oraz zdjęć znajdujących się w Instytucie Sztuki PAN w Warszawie.

— Pinkas Krynki, red. Dov Rabin 1970.

— J. Baranowski, Krynki, Synagoga, Warszawa 1958.

— Krynki, Synagoga. Karty ewidencyjne. ODZ Warszawa.

— T. Bielski, Krynki i okolice, Poznań 1978 (maszynopis).

— T. Wiśniewski, A. Grajter, Dokumentacja ewidencyjna cmentarza żydowskiego w Krynkach, Białystok 1988, BBIDZ Białystok. Tu też obszerna bibliografia.

— Krynki. Studium historyczno-urbanistyczne, opr. J. Kubiak, Białystok 1976 BBIDZ.

Krynki. Murowana bóżnica „Kaukaska". [The „Kaukas" synagogue.]

— T. Wiśniewski, Gmina żydowska w Krynkach, „Białostocczyzna" 1989, nr 3, tenże, Krynki. Gdzie to jest?, „Kurier Podlaski" Reporter 1985, nr 184.
— relacje, oględziny, obszerna korespondencja, między innymi z D. Miszkowskim, żyjącym synem rabina z Krynek. Notatki w zbiorach autora.

Kuźnica

**Since 1623 a small kahal existed
in Kuźnica, administered by the
Grodno District Kahal. In the late
19th century the town had three
houses of prayer. The remains
of a neglected cemetary are still
to be found upon the banks
of the nearby small river Zwegra.
The community and its synagogue
perished during the War.**

Kuźnica. Wielka murowana synagoga. [The central, stone synagogue.]

1. Żydzi w Kuźnicy byli już w I połowie XVII wieku i od 1623 r. istniała tu niewielka gmina żydowska. Był to przykahałek podporządkowany gminie okręgowej w Grodnie. Na przełomie XVII/XVIII wieku powstała samodzielna gmina żydowska. W 1765 r. w Kuźnicy i okolicy mieszkało 434 wyznawców religii mojżeszowej. 10 lat później odnotowano tu 52 „dymy" (domy) chrześcijańskie i 35 żydowskich. W 1799 r. na 490 mieszkańców mieszkało w Kuźnicy 174 Żydów. Spis carski z 1807 r. wykazał na 631 obywateli miasta 284 starozakonnych. W 1847 r. Kuźnicki Okręg Bóżniczy liczył 807 Żydów. W 1874 r. na 1611 mieszkańców Żydzi stanowili prawie 50%. W 1878 r. na 1083 mieszkańców Żydów było 438, a w 1897 r. na 1346 obywateli miasteczka już 780 (57,9%). Pierwszy spis w Polsce odrodzonej z 1921 r. na 1057 mieszkańców wykazał ledwie 450 Żydów, a kolejny z 1931 r. na 1428 mieszkańców 556 Żydów. W 1939 r. po 17 września mieszkało w Kuźnicy około 1000 Żydów.

2. Już w 1884 r. istniały w Kuźnicy 3 domy modlitwy, w tym 1 murowany. Dzielnica żydowska zlokalizowana była przy ulicy Knyszyńskiej w granicach obecnych ulic: Sokólskiej, Kopernika i Szkolnej. Żydzi mieszkali także wokół rynku, w sąsiedztwie stacji kolejowej oraz przy ulicy Łosośnej (Łososińskiej), Targowej, Nowodzielskiej i Sidrzańskiej. Cmentarz żydowski dziś zaniedbany i zniszczony znajduje się na wzgórzu nad rzeczką Zwegrą, w niewielkim oddaleniu od dzielnicy żydowskiej. W 1894 r. rabinem w Kuźnicy był Ajzyk Lejb Stolar.

3. Bóżnica główna wzniesiona została na przełomie XVIII i XIX wieku z kamienia i cegły. Obiekt tynkowany był na kolor biały (za wyjątkiem ścian północnej i zachodniej). Był to dwukondygnacyjny, murowany budynek kryty łamanym dachem pokry-

169

tym pierwotnie gontem, w latach 20-tych XX wieku — blachą. Dach drewniany dwukondygnacyjny. W szczycie widoczny detal Magen Dawid oraz skromne ornamenty. Od strony frontalnej 2 wejścia. Od strony południowej przybudówka, w której znajdował się babiniec dla kobiet. Wnętrze skromne, niewielki Aron Ha Kodesz we wschodniej części. Bima-kazalnica na niewielkim podwyższeniu. Podłoga z cegieł. Wnętrze zniżone w stosunku do poziomu zewnętrznego. Bóżnica usytuowana była w niewielkim oddaleniu od ulicy Sokólskiej (tam, gdzie obecnie stoi drewniana szkoła). Synagoga została spalona przez Niemców podczas II wojny światowej.

4. Rysunek oparto na zdjęciach znajdujących się w zbiorach Instytutu Sztuki PAN w Warszawie, na podstawie zdjęć zachowanych w zbiorach ŻIH w Warszawie.

— Kuźnica, Studium historyczno-urbanistyczne, opr. J. Kubiak, Warszawa 1976, BBIDZ Białystok.

— G.T. Kunda, Kuźnica na przełomie XIX i XX wieku. Miasto i ludność, Białystok 1982, praca magisterska. Filia UW Białystok.

— J. Rybiński, Słońce na miedzy, t. I, Olsztyn 1983.

Łapy

The verified information about Jews in Łapy comes from the mid-19th century, with the development of the Warsaw-Petersburg railway. The number of Jews increased significantly when the nearby Suraż was destroyed by fire in 1915 and its Jewish inhabitants moved to Łapy. The main synagogue in Łapy was built shortly before the First World War. Inside it had the beautiful Aron Ha Kodesz, possibly from the old synagogue in Suraż. A bomb in September 1939 destroyed the Łapy synagogue. The last rabbi of Łapy: Icchak (?) Blousztejn.

---

1. Trudno dokładnie określić datę osiedlenia się Żydów w Łapach, które w XIX wieku stanowiły w rzeczywistości zlepek kilku sąsiadujących ze sobą wsi. Z pewnością Żydzi byli tu obecni od II połowy XIX wieku, kiedy przez Łapy przechodziła Kolej

Warszawsko - Petersburska i Łapy stały się stacją kolejową. Większy napływ starozakonnych nastąpił krótko przed I wojną światową w wyniku rozwoju Łap. Około 1900 r. zawiązała się gmina żydowska. Liczba Żydów gwałtownie wzrosła w 1915 r., kiedy to spaleniu uległ sąsiedni Suraż i mieszkający tam Żydzi masowo przenieśli się do Łap. W 1921 r. spis wykazał 623

Łapy. Główna drewniana bóżnica.
[The wooden synagogue.]

Żydów na 3495 mieszkańców. W 1931 r. gmina żydowska liczyła 614 członków, a w 1939, po 17 września mieszkało w Łapach około 600 Żydów.

2. Żydzi w Łapach mieszkali głównie w centrum miasta, wokół rynku przylegającego do dworca oraz w północnej części miasta pomiędzy ulicą Piwną a Piłsudskiego (Sikorskiego). Ulica Piwna była pełna mięsnych jatek i stanowiła centrum dzielnicy żydowskiej. Zwana była także „Jatke Gas". Murowana łaźnia zachowała się po dziś dzień przy ulicy 11 Listopada (1 Maja). Gmina nie posiadała swojego cmentarza. Wyznawcy religii mojżeszowej chowani byli na cmentarzu żydowskim w Surażu, Sokołach oraz w Białymstoku. Do 1905 rabinem był Israel Goldin. Ostatni rabin sprawujący swój urząd w Łapach nazywał się Blousztejn.

3. Główną bóżnicę w Łapach zbudowano na krótko przed wybuchem I wojny światowej. Wcześniej istniał niewielki dom modlitwy urządzony w prywatnym mieszkaniu. Nowa bóżnica kryta dachem gontowym znajdowała się przy ulicy Piwnej. Był to prosty, drewniany budynek na ceglanej podmurówce kryty dwuspadowym dachem. Cechą charakterystyczną bóżnicy były bardzo wysokie, półkoliście zwieńczone okna głównej sali modlitewnej. W jej wnętrzu znajdował się piękny Aron Ha Kodesz, z charakterystycznym motywem dwóch lwów. Być może ołtarz ten pochodził ze starej bóżnicy w Surażu, którą strawił pożar w 1915 r. Główna bóżnica łapska spłonęła od bomby we wrześniu 1939 r. Modlitwy przeniesiono — w okresie okupacji radzieckiej — do niskiego parterowego budynku przy ulicy Pierackiego (Manifestu Lipcowego). Istniała też druga niewielka bóżniczka przy ulicy Dubois.

4. Rysunek wykonano w oparciu o przedwojenne zdjęcia Łap autorstwa W. Piotrowskiego oraz relacje, szkice i opisy p. D. Skibko, M. Olechnowicza, E. Godlewskiego (rekonstrukcja) i innych mieszkańców Łap.

— list Walter A. Winshal.

171

Michałowo-Niezbudka

Jews were attracted to Michałowo by the developing textile and tanning industries in the first half of the 19th century, but only in 1903 obtained legal rights of residence.
Two wooden synagogues were both destroyed during the War.
The last rabbi of Michałowo-Niezabudka: Saul Margolis.

1. Żydzi osiedlili się w Michałowie na początku XIX wieku (w 2 ćwiartce). Przyciągnął ich tu szybko rozwijający się przemysł włókienniczy i garbarski. W 1897 r. na 3174 mieszkańców mieszkało 1033 starozakonnych (32,5%). Żydzi przebywali jednak w Michałowie bez prawnego pozwolenia. Dopiero w 1903 r. uzyskali prawo legalnego zamieszkiwania w Michałowie na podstawie zarządzeń „Praw Tymczasowych" z 1882 r. W 1921 r. na 2176 mieszkańców liczono tu 887 starozakonnych. W 1937 miasteczko liczyło około 6000 mieszkańców, w tym już tylko 732 wyznawców religii mojżeszowej. W 1939 r. po 17 września przebywało w Michałowie 1021 Żydów.

2. Największe skupisko domów i placów żydowskich znajdowało się wokół rynku oraz w pobliżu dwóch drewnianych bóżnic i religijnej szkoły żydowskiej, w rejonie obecnej ulicy Sienkiewicza. Żydzi mieszkali także przy ulicy Fabrycznej, Gródeckiej, Białostockiej, Wąskiej, Policyjnej (22 Lipca). Tu też znajdowała się łaźnia żydowska i mieszkanie rabina (obok bóżnicy). Resztki cmentarza żydowskiego zachowały się przy drodze na Żednię. Najsłynniejszym rabinem był urodzony w 1849 Natan Nate Kamchi. Ostatni rabin w Michałowie: Saul Margolis.

3. Bóżnica przy ul. Fabrycznej tzw „stara" miała orientacyjne wymiary 10x14 metrów. Był to prosty dwukondygnacyjny drewniany obiekt, kryty dwuspadowym dachem. Wzniesiona została około 1900 r. szczytem do ulicy Sienkiewicza. Druga bóżnica stała przy ul. Górnej. Obie bóżnice zostały zniszczone

Michałowo. Drewniana bóżnica.
[The wooden synagogue.]

w okresie II wojny światowej i rozebrane po wojnie.

4. Rysunek w oparciu o relacje, szkice i rekonstrukcje P. Stolika, A. Fronczaka, K. Borowskiego, A. Łaźnika (Israel) i wielu innych.

Literatura:

— Zipora Lyrne, Mychailowa (A Jewish Village in Poland), Tel Aviv 1975.

Mielnik

The references to Jewish tax collectors in Mielnik date as far back as 1533. The kahal was organized in the mid-18th century, but the number of Jews in Mielnik later gradually decreased. In the period between the two World Wars the community did not even have its rabbi, but used the services of the rabbi from Siemiatycze. The brick building of the mid-19th century synagogue is used nowadays for shops and stores.

1. W Mielniku ludności żydowska jest już w 1533 r. Byli to dzierżawcy komór celnych. Gmina żydowska powstała jednak w połowie XVIII w. Według spisu z 1799/1800 r. w Mielniku mieszkało 48 Żydów na 822 mieszkańców. W 1807 r. na 833 mieszkańców liczono 43 Żydów. W 1857 r. mieszkało tu 95 a w 1878 r. na 1147 obywateli Mielnika Żydów było już 460. Spis carski z 1897 r. wykazał 442 starozakonnych. W 1921 r. na 1901 mieszkańców przebywało tu 233 Żydów, około 1937 r. już tylko 180 wyznawców religii mojżeszowej. W 1939 r. po 17 września mieszkało w Mielniku około 400 Żydów.

Mielnik. Główna bóżnica. [The central synagogue.]

173

2. Największe skupisko domów i placów żydowskich znajdowało się wokół rynku oraz w rejonie bóżnicy, która usytuowana była na rogu pierzei rynkowej i ulicy Brzeskiej. Tu też znajdowało się centrum religijne i mieszkał rabin. Cmentarz żydowski zlokalizowany jest w północnej części obok fabryki kredy przy drodze na Metną. W okresie międzywojennym rabina w Mielniku już nie było (dojeżdżał z Siemiatycz.)

3. Bóżnica wzniesiona według A. Lutostańskiej w I poł. XIX w. (inne źródła mówią o 1920 r., być może była wówczas odrestaurowana po działaniach wojennych). Obecnie istniejący obiekt byłej bóżnicy to prosty budynek murowany kryty dwuspadowym dachem z dachówką. Z tyłu znajdowało się osobne wejście dla kobiet. Synagoga osią wzdłużną skierowana jest na wschód. Większość obecnych otworów okiennych przerobiono. Szczyt był odeskowany. Obiekt mieści sklep i magazyny.

4. Rysunek wykonano w oparciu o zdjęcia autora.

— Mielnik. Studium historyczno-urbanistyczne, opr. B. Tomecka, Białystok 1978 (BBIDZ), tu katalog zabytków opr. A. Lutostańska.

— Mielnik. Dokumentacja ewidencyjna cmentarza żydowskiego, opr. Z. Romaniuk, T. Wiśniewski (maszynopis), 1990.

— W. Kassian, Na wysokim Brzegu, „Fołks-Sztyme" 1986, nr 14.

— relacja I. Łobanowska, ks. M. Olszewski.

Milejczyce

References to the conflict between Christian townsfolk and Jews migrating to Milejczyce date back to the 16th century. Despite the lack of residence permits large numbers of Jews had lived there before the legal kahal in the 18th century was created. A brick synagogue, one of the latest in the region (from 1927) replaced the wooden one from 1857. The building survived and is presently used as a library and a cinema. The last rabbi of Milejczyce: Aron Izaac Tamares.

1. Już w końcu XVI wieku mamy informacje o Żydach z Milejczyc. Doszło wówczas do konfliktu między mieszczanami-chrześcijanami a napływającą ludnością żydowską. Mimo zakazów osiedlenia istniało tu niewielkie skupisko żydowskie, nie tworzące

jednakże gminy. Dopiero od połowy XVIII wieku powstała w Milejczycach gmina żydowska. Dokumenty mówią o istniejącym wówczas „browarze i stodole żydowskiej". Od 1865 r. istniał też cmentarz żydowski. W 1878 r. na 1588 mieszkańców było tu 627 starozakonnych, a w 1897 r. na 1685 mieszkańców było tu 814 Żydów. Pierwszy spis w Polsce odrodzonej z 1921 r.

Milejczyce. Murowana synagoga. [The stone synagogue.]

wykazał w Milejczycach 648 Żydów. W 1935 r. na około 2000 mieszkańców Żydów było 894. W 1939 r. po 17 września przebywało tu 1275 Żydów.

2. Największe skupisko domów i placów żydowskich znajdowało się wokół głównego rynku po południowej stronie obecnej ulicy Parachomienki. Żydzi mieszkali także przy ulicy Rogackiej (Borowika). Dzielnica żydowska znajdowała się pomiędzy rynkiem a cmentarzem żydowskim, w południowej części miasteczka. Cmentarz zachowany jest w bardzo złym stanie. Rabin mieszkał tuż obok głównej murowanej bóżnicy. Obok niej znajdowała się łaźnia oraz niewielki drewniany, prywatny dom modlitewny. Ostatnim rabinem urzędującym w Milejczycach był Aron Izaac Tamares.

3. Bóżnica ceglana istniejąca po dziś dzień, została wzniesiona w północnej pierzei ulicy Borowika, w południowo-wschodniej części osady. Obiekt został zbudowany w miejscu starej, rozebranej drewnianej bóżnicy z 1857 r. Istniejący dziś budynek dawnej bóżnicy wzniesiono w 1927 r. Byłaby to więc jedna z „najmłodszych" bóżnic Białostocczyzny. Obiekt został zbudowany na planie prostokąta i był nietynkowany. Bóżnica powstała w kilku fazach, stąd widoczne w jej kształcie liczne niekonsekwencje. Charakterystyczne, wysokie, półokrągłe okna mieściły salę modlitewną. Na ścianach liczne glify, gzymsy i detale Magen Dawid. W obszernym przedsionku znajdowała się sala zarządu gminy i administracja bóżnicy. Synagoga kryta była czterospadowym dachem z blachy. Elewacja zachodnia miała dwie kondygnacje. W dawnej sali sądu kahalnego znajduje się obecnie biblioteka, zaś główna sala modlitewna została adaptowana na kino. Obecnie w remoncie.

4. Rysunek wykonano w oparciu o zdjęcia autora.

— Milejczyce. Studium historyczno-urbanistyczne, opr. B. Tomecka, Białystok 1984.

— W. Kassian, Białostockie reminiscencje. Tu za stodołą było getto, „Fołks-Sztyme" 1985, nr 34.

— Akty izdawajemyje Wilenskoju archegraficzeskoj Komisieju t.6, Wilno 1972, s. 67 i 89.

Narew

The Narew kahal was one of the oldest in the region. The privileges were given by King Sigismundus Augustus in 1566. The accusation of ritual murder in 1580 resulted in the King's edict forbidding the use of torture during trials against Jews. Nevertheless Jews were expelled from Narew and did not come back until the 19th century. The oldest synagogue was burnt down before the First World War, the fire supposedly being started by riotous Jewish youth. It was replaced by a new wooden prayer house which miraculously survived the Second World War, but was destroyed by fire in 1973. The last rabbi of Narew: Lejzerowski.

1. Gmina żydowska w Narwi należała do najstarszych na ziemiach dawnego województwa podlaskiego. Pierwsza wzmianka o Żydach z Narwi pochodzi z 1560 r. W 1566 r. król Zygmunt August nadał im przywileje. Było to jednak przypuszczalnie ledwie kilka rodzin. Około 1580 r. starozakonni z Narwi, także z Bielska byli oskarżeni przez miejscową ludność o morderstwo rytualne. Proces skończył się wydaniem królewskiego edyktu zakazującego torturowania Żydów podczas procesu. Żydzi zostali jednak z Narwi wygnani. Spis z 1676 r. nie wykazuje tu Żydów. Spis pruski z 1799/1800 r. na 425 mieszkańców wykazuje ledwie 7 Żydów (prawdopodobnie 1 rodzina prowadząca od 1796 r. karczmę). W 1807 r. mieszkało tu 19 wyznawców religii mojżeszowej. W 1878 r. na 1612 mieszkańców liczono tu już 580 a w 1897 r. 601 starozakonnych. W 1921 r. mieszkało w Narwi 419, a w 1931 r. 362 Żydów. W 1939 po 17 września było tu 256, a w 1941 r. około 400 Żydów.

2. Największe skupisko domów i placów żydowskich znajdowało się wokół rynku. Główna dzielnica żydowska była w południowo-zachodniej części miasta. Tu też usytuowana była główna, drewniana bóżnica oraz niewielki dom modlitewny. W niedalekim sąsiedztwie znajdował się dom rabina oraz łaźnia. Żydzi mieszkali przy ulicach: Szkolnej, Popielewskiej oraz Piaski. Cmentarz żydowski zlokalizowany został

na uroczysku Glinica niedaleko wsi Makówka. W 1912 r. rabinem w Narwi był Ruben Kahan (ur. w 1853 r.), który zmarł na początku lat 30-tych XX wieku. Po nim urząd rabina objął Lejzerowski.

3. Pierwsza stara bóżnica z I połowy XIX wieku spłonęła przed I wojną światową, a podpalić ją miała według miejscowych przekazów rozbrykana żydowska młodzież.

Narew. Drewniany dom modlitwy.
[The wooden house of prayer.]

W miejsce spalonej bóżnicy wzniesiono nowy, drewniany, dużych rozmiarów dom modlitewny przy ulicy Piaski (obecnie Dąbrowskiego) graniczący z rynkiem. Był to prosty, kryty dwuspadowym dachem, dwukondygnacyjny obiekt. Kobiety modliły się na pięterku, na galeryjce. W bóżnicy znajdował się także cheder. Drewniana synagoga w Narwi cudem uniknęła zagłady i przetrwała wojnę. Po wojnie zaadaptowana została na kino, klub i czytelnię. W 1973 r. budynek częściowo spłonął i został rozebrany.

4. Rysunek wykonano w oparciu o oryginalne zdjęcie tej bóżnicy autorstwa miejscowego fotografa p. Mariana Święckiego.

— Narew. Studium historyczno-urbanistyczne, opr. A. Oleksicki, 1980 (BBIDZ).

— Relacje J. Ostaszewskiego, S. Motyla, M. Smoktunowicza, ks. dr. H. Kardasza.

Narewka

Jews first settled in Narewka at the end of the 18th century but already in 1880 they constituted 90% of the population. This number gradually decreased with mass emigration to America. A wooden synagogue dating from the mid-19th century was turned into a grain storehouse by the Soviet authorities in 1939; Jews reportedly outraged by this blasphemous act set fire to the synagogue and it burnt down.

Narewka. Drewniana bóżnica. [The wooden synagogue.]

1. Żydzi osiedlili się w Narewce na przełomie XVIII i XIX wieku. Miasteczko w szybkim tempie zostało zdominowane przez żywioł żydowski. Około 1880 r. na 863 mieszkańców Narewki było tu aż 778 starozakonnych (90%!), a w 1897 r. na 1268 obywateli miasteczka mieszkało tu 1004 Żydów (79%). Od tego czasu liczba Żydów, mieszkańców Narewki stopniowo spada i w 1921 r. na 1205 obywateli było 758 Żydów, a w 1939 r. po 17 września około 800 Żydów.

2. Największe skupisko domów i placów żydowskich znajdowało się w rynku w jego południowej pierzei, południowej części miasta oraz nad samą rzeczką Narewką. Żydzi mieszkali także przy ulicy Szkolnej (Ogrodowej) oraz Nadrzecznej i Krynicznej. Przy ulicy Szkolnej znajdowała się główna, jedyna bóżnica oraz łaźnia żydowska. Cmentarz żydowski zlokalizowany był na wzgórzu przy drodze do Guszczewiny. W 1900 r. rabinem w Narewce był Fajwel Grinberg. Ostatni rabin — Szejko-Szajko.

3. Jedyna drewniana bóżnica w Narewce wzniesiona została w połowie XIX wieku. Usytuowana była przy ulicy Szkolnej. Był to dużych rozmiarów, drewniany budynek kryty dwuspadowym dachem z gontem. Centralne wejście służyło mężczyznom, zaś boczne przeznaczone było dla kobiet, które wchodziły na galeryjkę, na piętro. Pod babińcem znajdował się cheder (okno pomiędzy dwoma wejściami). W 1939 r. po wejściu wojsk radzieckich bóżnica została zamieniona na magazyn zbożowy, co prawdopodobnie spowodowało wzburzenie religijnych Żydów i w konsekwencji bóżnica została podpalona przez samych Żydów w 1940 r.

4. Rysunek wykonano w oparciu o relacje, szkice i opisy pp. J. Jancewicza, L. Dudaryka i innych starszych mieszkańców Narewki.

Niemirów

**The earliest information about Jews
in Niemirów comes from 1708.
Later on the small community was run
by the district kahal in Tykocin.
The main wooden synagogue, built
in the mid-19th century and replacing
an earlier one, was destroyed
in an air-raid in 1939.
The last rabbi: Szmuel Rabinowicz.**

1. Pierwsza wzmianka o Żydach i przykahałku w Niemirowie pochodzi z 1708 r. W 1765 r. niewielka gmina żydowska w Niemirowie wraz z okolicznymi wioskami liczyła 88 starozakonnych. Skupisko żydowskie w Niemirowie podporządkowane było w tym czasie kahałowi okręgowemu w Tykocinie. W 1807 r. przebywało w Niemirowie 107 Żydów. Spis z 1897 r. wykazał w osadzie 157 wyznawców religii mojżeszowej, którzy stanowili 20,5% ogółu mieszkańców. Pierwszy spis w Polsce odrodzonej z 1921 r. wykazał 149 Żydów. W 1939 r. po 17 września liczono w Niemirowie około 200 Żydów.

2. Największe skupisko domów i placów żydowskich znajdowało się w Niemirowie w rynku oraz w przylegających doń uliczkach. Żydzi mieszkali w kwartale pomiędzy ulicą Brzeską, Cmentarną i rynkiem we wschodniej części osady. W tej też części był cmentarz żydowski przy drodze zwanej obecnie „Wołczynka", około 150 metrów od dzisiejszej granicy polsko-radzieckiej (zlikwidowany po wojnie). Centrum religijne — bóżnica, mykwa i dom rabina — zlokalizowane było w południowej pierzei rynku. Południową granicę dzielnicy żydowskiej stanowiła rzeka Bug. Ostatni rabin — Szmuel Rabinowicz.

3. Główna drewniana bóżnica wzniesiona została w połowie XIX wieku, w miejscu starej, drewnianej z końca XVIII wieku. Bóżnica stała frontem do rynku w odległości około 15-20 metrów. Był to zwykły obiekt, podobny do innych parterowych domów, kryty dwuspadowym dachem z gon-

*Niemirów. Drewniany dom modlitwy.
[The wooden house of prayer.]*

179

tem. Bóżnica była jednak nieco większych rozmiarów aniżeli inne domy. Jej ściany były nie oszalowane i zbudowane z tartych desek. W jednym z jej pomocniczych pomieszczeń znajdował się cheder. Kobiety modliły się na pięterku. Bóżnica ta spłonęła podczas nalotu lotniczego we wrześniu 1939 r.

4. Rysunek został wykonany na podstawie rekonstrukcji, opisów oraz szkiców mieszkańców Niemirowa, które to materiały zebrał, opisał i wykonał rysunki ks. Michał Olszewski.

Nowy Dwór

Jews settled in Nowy Dwór in the 16th century. Documents from 1558 mention 12 Jews (mostly gardeners) as well as their synagogue. The size of the Jewish community varied throughout the centuries. Just before 1939 the town had four prayer houses (including one Hasiddim). The main synagogue was located in the centre of the town, between Catholic and Orthodox churches. It was burnt down by the Nazis in 1941.
The last rabbi of Nowy Dwór: Izaac Kamieniecki.

Nowy Dwór. Drewniana bóżnica.
[The wooden house of prayer.]

1. Żydzi osiedlili się w Nowym Dworze w I połowie XVI wieku. Dane z akt sądowych mówią o Żydach w 1540 r. W 1558 r. notowano tu już 12 starozakonnych zajmujących się głównie ogrodnictwem; odnotowano także bóżnicę. W 1561 r. założony został cmentarz. Od 1623 r. przykahałek w Nowym Dworze podlegał gminie okręgowej w Grod-

nie. W 1643 r. zatrzymał się tu król Władysław IV i nadał przywilej Żydom z sąsiedniego Lipska. W 1648 r. przybyli do miasteczka żydowscy uciekinierzy z Ukrainy, by po kilku latach znów przeżyć pogromy, tym razem ze strony wojsk szwedzkich i rosyjskich. W 1765 r. w mieście i okolicy liczono 299 Żydów, ale w 1799 r. na 436 mieszkańców było tu ledwie 14 Żydów. W 1807 r. było już

Nowy Dwór. Projekt drewnianej bóżnicy.
[The design of the wooden house of prayer.]

117 starozakonnych. W 1847 r. w Nowodworskim Okręgu Bóżniczym mieszkało 394 Żydów. Około 1878 r. na 1452 mieszkańców było tu 897, a w 1897 r. tylko 490 Żydów (37,7%). W 1921 r. w Nowym Dworze mieszkało 402 wyznawców religii mojżeszowej (33%). W 1939 r. po 17 września mieszkało w Nowym Dworze około 250 Żydów.

2. Największe skupisko domów i placów żydowskich znajdowało się we wschodniej pierzei rynku, w samym rynku oraz przy ulicach Bazarnej, Dworcowej, Żydowskiej i Szkolnej (nazwy przed 1914 r.). U schyłku XIX wieku były tu 2 domy modlitwy, a po 1900 r. otwarto kolejną bóżnicę. Tuż przed 1939 r. istniały w Nowym Dworze 3 domy modlitwy i chasydzki dom modlitwy. Wokół tych obiektów koncentrowało się życie religijne i handlowe mieszkańców miasta. Cmentarz żydowski istniał już w XVI wieku w północno-wschodniej części miasta (dziś nie istniejący). Główna bóżnica znajdowała się centralnie w rynku, w południowej pierzei, oddzielała cerkiew i kościół katolicki. W niedalekim sąsiedztwie znajdowała się łaźnia, dom rabina i cheder. Ostatnim rabinem urzędującym w Nowym Dworze był Izaac Kamieniecki.

3. W 1884 r. Girsz Szmulewicz Potocki i rabin Chaim Dawidowicz Oksztejn wystąpili z projektem budowy nowej synagogi w miejscu starej drewnianej bóżnicy z XVIII wieku. Z uwagi jednak na trudności czynione przez władze gubernialne w Grodnie (za blisko cerkwi) bóżnica została zbudowana dopiero w 1900 r. a poświęcona dopiero w 1903 r. Bóżnica usytuowana była w południowej pierzei rynku przy ulicy Dwornej i Kuźnickiej. Był to dużych rozmiarów dwukondygnacyjny obiekt. Drewniana bóżnica kryta była dwuspadowym dachem z dachówką. W projekcie przewidywano przykrycie obiektu dachem dwuspadowym, kopertowym, dwukondygnacyjnym. Z uwagi na brak środków finansowych przykryta została dachem prostym. Po lewej stronie bóżnicy zlokalizowana była druga synagoga-przyszkółek. Kobiety modliły się w głównej bóżnicy na pięterku, na galeryjkach. W szczycie bóżnicy widoczny był charakterystyczny detal Gwiazdy Dawida. Synagoga w Nowym Dworze została spalona przez Niemców podczas II wojny światowej w 1941 r.

181

4. Rysunek wykonano w oparciu o zachowany projekt. Archiwum w Grodnie CGIA, zespół 8, dział 2, teka 409 i zespół 8, dział 32, teka 1295. Rysunek 2 w oparciu o oryginalne zdjęcie bóżnicy dostarczone przez M. Verbina z Izraela.

— Odpis konfirmacji króla Jana III z Grodna z 15 III 1679 przywileje AGAD, KRSW 4881, str. 214-215

— relacje mieszkańców Nowego Dworu.

Orla

Orla was among the oldest Jewish settlements; evidence of Jewish presence dates back to the 16th century. One of the Jewish cemeteries still remains. The synagogue was probably built in the second quarter of the 17th century, replacing the former wooden one, and since then has been rebuilt several times. During the War it was used as a hospital and storehouse. The synagogue itself survived the War, but the magnificent Aron Ha Kodesz and other items of the interior decoration were destroyed. After the War the synagogue fell into disrepair, but since 1983 has been under reconstruction.

The last rabbi of Orla: Ela Halpern.

1. Żydzi przebywali w Orli już w XVI wieku. Gmina żydowska powstała na przełomie XVI i XVII wieku. Według spisu z 1616 r. w Orli było 17 domów żydowskich i bóżnica. Jak ustalił A. Leszczyński (wydaje się, że jest to szacunek zawyżony) w 1655 r. mieszkało w Orli około 540 Żydów. W 1676 r. na 229 mieszkańców było tu 104 starozakonnych a w 1716 r. tylko 103 Żydów. W 1765 r. gmina żydowska w Orli wraz z okolicznymi wsiami liczyła 1358 wyznawców religii mojżeszowej i była dwukrotnie większa od gminy białostockiej. W 1799 r. nastąpił gwałtowny spadek ludności i na 486 mieszkańców było tu tylko 102 Żydów. W 1807 r. na 1586 mieszkańców, starozakonnych było 1102. W 1847 r. Orlański Okręg Bóżniczy liczył 4436 wyzna-

Orla. Wielka synagoga. [The Great Synagogue.]

wców religii mojżeszowej. W 1878 r. było tu 1812 a w 1897 r. 2310 Żydów. W 1921 r. na 1518 mieszkańców liczono tu 1167 Żydów. W 1939 r. po 17 września mieszkało w Orli 1450 Żydów, a w 1941 r. około 2000 Żydów.

2. Główne skupisko domów i placów żydowskich w Orli znajdowało się wokół głównego rynku i Wielkiej Synagogi, która stała w niedalekim sąsiedztwie rynku. Obok znajdowały się 2 inne drewniane bóżnice, dom rabina, łaźnia żydowska. Obok głównej bóżnicy istniał stary cmentarz żydowski (nie istniejący obecnie). Na istniejącym do naszych czasów nowym cmentarzu żydowskim zachowało się około 50 macew. Główną bóżnicę flankowały dwa mniejsze, drewniane domy modlitwy. Żydzi mieszkali także wzdłuż ulicy Narewskiej i Szkolnej. Ostatnim rabinem urzędującym w Orli był Ela Halpern.

3. Pierwsza bóżnica, drewniana istniała już na przełomie XVI i XVII wieku. Obecnie istniejąca synagoga (restaurowana) została wzniesiona prawdopodobnie w 2 ćwiartce XVII wieku. Jak pisał J. W. Kaczyński należy wykluczyć wersję, iż był to dawny zbór kalwiński (o zborze są informacje z 1732 r.). Bóżnica była kilkakrotnie przebudowywana i rozbudowywana. W XVIII wieku wydzielono osobne sale żeńskie (babińce), początkowo drewniane a w połowie XIX wieku murowane. Wówczas także ujednolicono elewację w stylu klasycystycznym. Przeplatają się w konstrukcji synagogi wzorce budowlane renesansu (prostokątna sala, brak okien na parterze, wąskie otwory wejściowe, obronny charakter) z nurtem barokowym (widoczny głównie we wnętrzach). W planie widoczna jest centralizacja i zbliżenie do kwadratu. Na fronto-

183

nie napis w języku hebrajskim: „Jakimże lękiem napawa to miejsce! Nic innego tylko Dom Boży" (I ks. Mojż. 28, 17). Charakterystyczne 2 latarenki stały przed głównym wejściem. Liczne detale na frontonie (rysunki lwów). W 1928 r. bóżnica uległa pożarowi, szybko jednak została odrestaurowana. W okresie II wojny światowej była użytkowana jako szpital i magazyn. Po wojnie popadła w ruinę. Od około 1983 r. rozpoczęto jej renowację.

Bóżnica orlańska posiadała wspaniałe wnętrza, w szczególności na uwagę zasługiwał ogromnych rozmiarów Aron Ha Kodesz. Bima w stylu ażurowo-metalowej balustradki oraz oszczędne rysunki na ścianach sprawiały, iż obiekt nabierał monumentalnego charakteru. Niestety wspaniały ołtarz jak też inne sprzęty synagogalne uległy dewastacji podczas wojny.

4. Rysunek wykonano w oparciu o zdjęcia znajdujące się w archiwum prywatnym autora oraz fotografię J. Glinki z 1935 r. (Instytut Sztuki PAN oraz ODZ Warszawa, Teka Glinki nr 235). Wnętrza fotografował w 1916 r. Herman Struck (zbiór Zusia Efron, Izrael).

— W. Kassian, Z popiołu lub iskry, „Fołks-Sztyme" 1985, nr 28.

— A. Lutostańska, Orla, powiat Białystok. Bóżnica. Dokumentacja historyczna PKZ, Warszawa 1959.

— J.W. Kaczyński, Z badań nad synagogą w Orli, „Białostocczyzna" 1987, nr 1/5/.

Sidra

Jews settled here at the end of the 17th century and their number kept increasing even when Sidra lost its municipal rights after the World War One. A wooden synagogue, probably built at the end of the 18th century, was burnt down by the Nazis in 1941. The last recorded rabbi of Sidra: Mosze Gerszon Mowszowicz (in 1855).

1. Żydzi osiedlili się w Sidrze pod koniec XVII wieku. W 1766 r. w Sidrze i okolicy mieszkało 249 Żydów, w 1799 r. na 488 mieszkańców Sidry liczono tu 162 starozakonnych. W 1807 r. było tu już 361 Żydów. W 1847 r. Sidrzański Okręg Bóżniczy liczył 461 Żydów. Kolejne spisy z 1878 r. i 1897 r. wykazały odpowiednio: 604 (920) i 742 (1165) Żydów. Po I wojnie światowej Sidra utraciła prawa miejskie. Liczba mieszkańców zmalała i w 1921 r. na 897 mieszkańców było tu 455 Żydów. W 1939 r. po 17 września mieszkało tu 520 starozakonnych.

Sidra. Główna drewniana bóżnica. [The central wooden synagogue.]

2. Główne skupisko domów i placów żydowskich znajdowało się wokół rynku oraz w sąsiedztwie głównej drewnianej bóżnicy (były także 2 niewielkie, prywatne domy modlitwy). W rejonie bóżnicy mieszkał rabin i znajdowała się łaźnia żydowska. Dzielnica żydowska znajdowała się za rzeczką Siderką w północno-zachodniej części miasteczka. Cmentarz żydowski położony był na północ od miasta przy trakcie do Siderki. W 1890 r. rabinem w Sidrze był Mosze Gerszon Mowszowicz urodzony w 1855 r. w Dąbrowie Białostockiej.

3. M.Orłowicz oceniał powstanie głównej bóżnicy na XVIII wiek. Małżeństwo Piechotków ostrożnie oceniało możliwość powstania tego obiektu na koniec XVIII i początek XIX wieku. Był to prosty, drewniany budynek kryty dwukondygnacyjnym, łamanym dachem. Szczyty potraktowane zostały ozdobnie. Dach był kryty gontem. Wokół bóżnicy obiegał ozdobny fryz. Sala główna obudowana przybudówkami— babińcami od strony południowej i północnej. Okna głównej sali modlitw: bliźniacze, zakończone półkoliście. Od strony głównego wejścia był obszerny przedsionek. Obiekt został spalony przez Niemców w 1941 r.

4. Rysunek wykonano w oparciu o materiały ikonograficzne znajdujące się w Instytucie PAN w Warszawie.

— Sidra. Studium historyczno-urbanistyczne, opr. Z. Piłaszewicz, Białystok 1977.

— A. Czapska, Badania architektoniczne w Różanymstoku i Sidrze, „Białostocczyzna" 1988, nr 3.

185

Siemiatycze

The first Jews came to Siemiatycze from Lithuania in 1582. According to the 1897 census the town grew to be an important Jewish kahal with 4638 Jews. The main brick synagogue survived the War and was restored in 1961-64 to be used as a cultural center. The last rabbi of Siemiatycze: Chaim Baruch Gersztejn.

1. Pierwsi Żydzi przybyli do Siemiatycz z Litwy w 1582 r. Już w 1653 r. mówi się o kahale w Siemiatyczach. W 1667 r. była tu już gmina żydowska (według Leszczyńskiego w 1691 r.). W 1765 r. w mieście mieszkało 1015 Żydów, a wraz z okolicznymi wsiami 1895 Żydów. W tym czasie gmina siemiatycka uniezależniła się od kahału w Tykocinie. Spis pruski z 1799 r. na 2634 mieszkańców miasta odnotował aż 1656 Żydów. Spis carski z 1807 r. na 3196 obywateli wykazał 2233 starozakonnych. W 1847 r. Siemiatycki Okręg Bóżniczy liczył 3382 Żydów. Spis z 1897 r. na ponad 6 tysięcy mieszkańców wykazał 4638 Żydów (75%). W owym czasie gmina żydowska w Siemiatyczach była drugą co do wielkości po Białymstoku (w Obwodzie Białostockim). W 1921 r. mieszkało tu 3718 Żydów (65,3%) a w 1939 r. po 17 września wraz z uciekinierami przebywało w Siemiatyczach ponad 7000 Żydów (inne źródła mówią o 4330 Żydach).

2. Największe skupisko domów i placów żydowskich znajdowało się w rynku oraz wokół głównej synagogi. W 1878 r. notowano prócz głównej bóżnicy 2 domy modlitwy: przy ulicy Wesołej (1877), przy ulicy Fabrycznej (za miastem), przy ulicy Drohiczyńskiej (1909 r.) i przy obecnej ulicy Małopolskiej. W jednym z budynków fabryki Belkiesa na „Zamościu" robotnicy żydowscy mieli jedno pomieszczenie przeznaczone na modły. Żydzi mieszkali w rynku oraz wokół centrum religijnego, które stanowiła główna synagoga oraz usytuowany obok niej murowany Dom Talmudyczny. Cmentarz żydowski znajdował się przy ulicy Polnej (dziś pozostał tylko mur oraz pamiątkowa tablica). W 1889 r. rabinem w Siemiatyczach był M. Kadeszowicz. Ostatnim rabinem był Chaim Baruch Gersztejn.

3. Według Avierbucha główna murowana bóżnica została wzniesiona w 1755 r., zaś według innego badacza, M. Leszczaka miało to nastąpić po 1797 r. po wielkim pożarze miasta. Autorem projektu miał być Szymon Bogumił Zug (1777). Bóżnica została zbudowana w miejscu starej. Jest to duży, dwukondygnacyjny, murowany budynek na planie prostokąta. Dach blaszany, czterospadowy, kopertowy. Wielkoś-

cią synagoga przewyższała unicką cerkiew i równała się z kościołem katolickim. Wewnątrz dominowały motywy zwierzęce i kwiatowe. Podłoga miała wyszukaną formę i była z kamienia. Specjalne umywalki były darem właścicielki miasta Anny Jabłonowskiej, a ozdobną, drewnianą kolumnę z puszką kwestorską podarował baron Meizner. W 1824 r. synagoga została usz-

Siemiatycze. Wielka synagoga. [The great synagogue.]

kodzona przez pożar. W owym czasie jej pierwotna polichromia została przemalowana. W 1863 r. po kolejnym pożarze synagoga jako jeden z nielicznych budynków w mieście, ocalała. Główne wejście przeznaczone było dla mężczyzn. Kobiety wchodziły na galeryjki po charakterystycznej balustradce. W okresie okupacji obiekt pełnił funkcję magazynu i dzięki temu szczęśliwie przetrwał wojnę. Niestety już po przejściu frontu w 1944 r. zniszczono jej cenne wyposażenie, między innymi porąbano drewnianą bimę. W latach 1961-1964 przeprowadzono remont i zaadaptowano bóżnicę na obiekt kultury.

4. Rysunek wykonano w oparciu o fotografię Jankiela Tykockiego z 1925 r. Oryginalny negatyw posiada p. A. Nowicki z Siemiatycz.

— Avierbuch, Siemiatycka synagoga i przekazy o niej (w:) Jewriejskaja Starina 1911, nr 4.

— Kehilat Siemiatich, Tel Aviv 1965 (hebr., jidysz).

— Archiwum w Grodnie, CGIA, zespół 8, dział 2, teka 163 i 1505.

— Studia i materiały do dziejów Siemiatycz, Warszawa 1989.

— M. Leszczak, Synagoga w Siemiatyczach, „Białostocczyzna" 1987, nr 7.

— I.K. Gilewski, Siemiatycze. Zarys monografii od pradziejów do 1939 r., Siemiatycze 1958.

— Siemiatycze. Studium historyczno-urbanistyczne, opr. L. Kozakiewicz (katalog zabytków P. Gartkiewicza), Warszawa 1957, BBIDZ.

— A. Leszczyński, Żydzi w Siemiatyczach w XVI-XVIII wieku (odczyt wygłoszony w 1982 r. w Siemiatyczach — maszynopis).

— W. Kassian, Chwila zadumy, „Fołks-Sztyme" 1985, nr 24.

Sokółka

The Jewish settlement here dates back
to the 17th century. The Sokółka
community was run by the Grodno
district kahal. By September 1939,
counting the numerous refugees, Jews
in Sokółka numbered about 8000.
Five prayer-houses functioned
in Sokółka. The main brick synagogue
survived the War, but was eventually
pulled down in the 1950s.
The last rabbis of Sokółka: Berko
Srulewicz Fridberg and rabbi Szuster.

1. Żydzi w Sokółce osiedlili się w II połowie XVII wieku. W 1698 r. uzyskali przywilej od króla Zygmunta Augusta II (który był prawdopodobnie potwierdzeniem starszych przywilejów) i mogli odtąd: „budować i murować Szkoły i Kopiszcza dla Chowania Umarłych,... kupienia placu na zbudowanie Szkoły (bóżnic) bez płacenia żadnych od niego podatków, także z łaźnią..." Przywilej podpisano w Grodnie 29 sierpnia 1698 r. Gmina od początku podlegala kahałowi okręgowemu w Grodnie. W 1765 r. mieszkało w Sokółce i okolicy 522 Żydów. W 1807 r. na 1280 mieszkańców Żydów było 475. W 1847 r. Sokólski Okręg Bóżniczy liczył 1454 Żydów. 10 lat później na 3416 obywateli miasta, Żydzi stanowili 42,5% (1457). W 1878 jest tu 1543, a w 1897 r. już aż 2848 Żydów. W 1921 r. mieszkało w Sokółce 2821 starozakonnych, a w 1939 r. po 17 września wraz z uciekinierami przebywało tu około 8000 wyznawców religii mojżeszowej.

2. Największe skupisko domów i placów żydowskich znajdowało się wokół rynku oraz wzdłuż głównych arterii miasta: ulicy Białostockiej i Grodzieńskiej. Dzielnica żydowska znajdowała się w południowozachodniej części miasta. Tu też znajdowała się Główna Synagoga oraz stary i nowy dom modlitwy (Alter i Neye Beth Midrasz) a także dom

Sokółka. Kompleks synagogalny. [The synagogal complex.]

rabina. W niedalekim sąsiedztwie znajdowała się łaźnia oraz szkoły religijne Tarbut i Talmud Tora. W sumie funkcjonowało w Sokółce 5 bóżnic: przy ul. Kryńskiej, przy koszarach oraz przy drodze na cmentarz. Istniał też chasydzki dom modlitwy „Karalyn-Stolin Chasodim Sztibl". Cmentarz żydowski usytuowany był w północno-zachodniej części miasta.

Sokółka. Murowany dom modlitwy.
[The stone house of prayer.]

Ostatni rabini: Berko Srulewicz Fridberg oraz Szuster.

3. Główna bóżnica, murowana z cegły zbudowana została około 1900 r. Był to dużych rozmiarów, dwukondygnacyjny obiekt. Otaczały go dwa rzędy okien zwieńczone półkoliście. Jedynie przy ścianie wschodniej nie było okien. Wzdłuż pierwszego piętra rozciągały się galeryjki modlitewne dla kobiet. Prócz głównej sali modlitewnej znajdowały się tu także obszerne pokoje dla sądu rabinackiego i zarządu gminy oraz inne pomieszczenia administracyjne. W okresie władzy radzieckiej (1939-1941) obiekt użytkowany był jako magazyn zbożowy. Po wyzwoleniu adaptowany został na halę targową. W latach 50-tych ostatecznie został rozebrany. Na jego zrębie zbudowano szkołę. Obok głównej synagogi widoczna na rysunku „Alter Beth Midrasz" (po lewej) i dom rabina (po środku).

W 1888 r. pobożny Żyd Goldszmidt zbudował dom przy „Moskowskim Piereułku" (Nowotki). Ulica ta prowadziła na cmentarz żydowski. Był to prosty, murowany budynek, kryty dwuspadowym dachem, który za zgodą właściciela został adaptowany na żydowski dom modlitwy. Obiekt uległ zniszczeniu podczas II wojny światowej.

4. Rysunek 1 wykonano w oparciu o zdjęcia dostarczone przez Szmuela Bunima (Izrael), K. Bondaryka i innych. Szkice i wskazówki: M. Verbin, L. Fiszman i inni. Rysunek 2 wykonano w oparciu o zachowany projekt w Archiwum w Grodnie, zespół 8, dział 2, teka 610. (bóżnica Goldszmidta).

— Z. Honik, Di Jidn in Sokołke baj Grodne cum sof 17 tn jorhundert, „Jiwo Bleter", t. II, 1931, s. 454-457.

— Sokolka, Memorial Book, Jerusalem 1968.

— T. Wiśniewski, A. Grajter, Dokumentacja ewidencyjna cmentarza żydowskiego w Sokółce, Białystok 1987, BBIDZ (tu też obszerna bibliografia).

— Sokółka. Studium historyczno-urbanistyczne, opr. J. Kubiak, Warszawa 1974, BBIDZ Białystok.

— T. Wiśniewski, Żydzi w Sokółce, „Kurier Podlaski". Reporter, 1988, nr 21.

Starosielce

The Białystok suburb of Starosielce grew in importance in the 1860s when the Warsaw-Petersburg Railway was opened, significantly incereasing the size of the Jewish community, which had existed there for nearly a century. The Białystok area made its numerous synagogues available to the Starosielce Jews, whose quarter, nevertheless, was mainly grouped around a simple wooden synagogue.

1. Żydzi pojawiają się w Starosielcach już w XVIII wieku. W 1772 r. odnotowano tu karczmę, której właścicielem był Żyd. Napływ starozakonnych nastąpił z chwilą uruchomienia kolei Warszawsko-Petersburskiej, tj. w latach 60-tych XIX wieku. Bliskość Białegostoku sprawiła, iż Żydzi ze Starosielc (kilka rodzin) na modły przybywali do pobliskiego Białegostoku, a dopiero od około 1910 r. posiadali własną bóżnicę. W 1921 r. na 2422 mieszkańców było tu 66 Żydów. M. Orłowicz podawał, iż w okresie międzywojennym miasteczko liczyło około 3500 obywateli, w tym ledwie 79 Żydów. W 1939 r. po 17 września w Starosielcach mieszkało 40 Żydów.

2. Główne skupisko domów i placów żydowskich skoncentrowane było wokół drewnianej, jedynej bóżnicy a także w sąsiedztwie rynku i kolejowego dworca. Przy

Starosielce. Drewniana bóżnica.
[The wooden house of prayer.]

rynku przy ul. Sienkiewicza mieszkał rabin Gutman, tu też znajdowała się prymitywna mykwa. Żydzi w Starosielcach do 1903 r. mieszkali właściwie nielegalnie. Dopiero po tym roku na mocy „Zbioru Praw Tymczasowych" z 1882 mogli się tu osiedlać.

3. Bóżnica stała przy ul. Sienkiewicza, obecnie Olejniczaka w pewnym oddaleniu od ulicy. Posesja ta graniczyła z domami Poznańskich i Kanów. Obiekt wzniesiono

około 1910 r. Był to pospolity budynek; proste bliźniacze okna znajdowały się na wysokości około 2 metrów. Główne wejście znajdowało się w części frontalnej i przykryte było niewielkim daszkiem. Jedyny zewnętrzny detal to rysunek Gwiazdy Dawida w ścianie szczytowej. Kobiety wchodziły do bóżnicy z bocznej strony, gdzie na pięterku znajdowała się niewielka loża kobieca. Budynek dwuspadowy, kryty dachówką został spalony przez Niemców podczas II wojny światowej.

4. Rysunek wykonano w oparciu o rekonstrukcję sporządzoną przez autora na podstawie relacji mieszkańców Starosielc, w szczególności zaś dzięki p. M. Cichockiemu.

Suchowola

First Jews came at the end of the 16th century; in 1698 the Suchowola Jews were endowed with privileges by King Sigismundus Augustus II. Throughout the centuries the Jewish community grew big enough to have two synagogues. The wooden one, probably from 1747, was burnt down by the Germans.
The last rabbi of Suchowola: Szlomo Cwi Kalir.

1. Pierwsi Żydzi pojawili się w Suchowoli na przełomie XVI/XVII wieku. W 1698 r. król Zygmunt August II pozwolił Żydom osiedlać się tutaj, budować i prowadzić kramy. Do tego czasu Żydzi przebywali w Suchowli, ale nie tworzyli samodzielnej gminy. W 1765 r. mieszkało w Suchowoli i okolicy 685 starozakonnych. W 1799 r. na 959 mieszkańców było tu 292 Żydów (30,4%). W 1807 r. na 1399 obywateli, Żydów liczono 497. Kolejne spisy z 1847 r. i z 1857 odnotowały odpowiednio 1018 (Okręg Bóżniczy Suchowolski) i 615 wyznawców religii mojżeszowej. W 1878 r. Suchowola liczyła 1184 Żydów. Istniały już wówczas 2 bóżnice. „Po pierepisy" z 1897 r. na 3203 mieszkańców, Żydów było 1944 (60%). Spis z 1921 r. wykazał 1262 Żydów, a w 1937 r. na 3103 mieszkańców, starozakonnych było 1521. Według Szymona Datnera w 1939 r. po 17 września przebywało tu ok. 2500 Żydów, a w 1942 r. aż 5100 Żydów.

2. Największe skupisko domów i placów żydowskich usytuowane było wokół rynku, oraz przy głównej ulicy miasteczka i w południowej pierzei rynku. Dzielnica żydowska znajdowała się w południowo-wschodniej części miasta. Tu też stała główna bóżnica. Centrum religijne znajdowało się wokół bóżnic oraz na tzw. „żółtym wzgórzu" („nowa

Suchowola. Główna drewniana bożnica.
[The central wooden synagogue.]

Suchowola. Murowany dom modlitwy.
[The stone house of prayer.]

bóżnica"). Cmentarz żydowski w północnej części miasta za Olszanką, na początku XX wieku został poważnie poszerzony. Z 1899 r. pochodzi informacja o rabinie z Suchowoli Abrahamie Einhornie. Ostatni rabin — Szlomo Cwi Kalir.

3. Główna bóżnica z połowy XVIII wieku (1747?) przypominała wyraźnie drewnianą bóżnicę w Grodnie. M. Orłowicz błędnie oceniał ją na wiek XVII. Obiekt kryty był trzykondygnacyjnym, łamanym dachem, pokrytym gontem. Szczyty dachu były obite deskami; ozdobnie potraktowane zostały szczyty dwóch naroźników-alkierzy. Sala główna zagłębiona w stosunku do przedsionka. Kobiety modliły się w osobnych, bocznych przybudówkach. Okna sali głównej były bliźniacze, zakończone półkoliście. Bóżnica została spalona przez Niemców podczas II wojny światowej. Ta bóżnica, podobnie jak zlokalizowany obok „Stary Alter Beth Midrasz" była otoczona kamiennym murem.

Druga prezentowana bóżnica zwana „Świętym Ha Kodesz Beth Midrasz" wzniesiona została w połowie XIX wieku. Był to murowany obiekt, kryty dwuspadowym dachem z dachówką. Bóżnica miała dwie kondygnacje. Mężczyźni wchodzili przez

192

główny przedsionek, zaś kobiety z bocznej strony. Jedynym charakterystycznym detalem były półokrągłe okna oraz również półokrągłe glify nad nimi. Obiekt znajdował się na tzw. „żółtym wzgórzu" i zwany był także „nową bóżnicą". Po wojnie budynek ten został całkowicie przebudowany i zaadaptowany na szkołę.

4. Rysunek 1 bóżnicy z 1747 r. oparto na materiale ikonograficznym przechowanym w Instytucie Sztuki PAN oraz w oparciu o zdjęcia archiwalne ze zbiorów autora. Rysunek 2 wykonano w oparciu o zdjęcie zamieszczone w: Seifer Suchowole, Dos Buch fun Suchowole opr. H. Sztejnberg, M. Wohnucki, I. Lewin, Jerozolima, Tel Aviv 1975 oraz w oparciu o zdjęcia byłej bóżnicy z lat 60-tych znajdujące się w BBIDZ Białystok.

— Seifer Suchowole, op.cit.

— Archiwum w Grodnie, CGIA, zespół 8, dział 2, teka 125.

— M. Lech, Suchowola w latach 1795-1918, Monografia historyczna, Białystok 1987. Praca magisterska. Filia UW w Białymstoku.

Supraśl

Jews appeared here briefly in the 17th century, but the first synagogue was not built until the end of the 18th century and the legal residence permit was given in 1903. The community was run by the Białystok kahal. The famous rabbi Abraham Zalman Korec was born in Supraśl.

In the 1860s an earlier wooden synagogue was replaced by a brick prayer-house, subsidized by the German industrialist Bucholz.

It was rebuilt in 1901. The Nazi soldiers blew up the synagogue by throwing granades inside, also destroying the magnificent floor. The remaining bricks were used by the Germans for their local police quarters. The last rabbi of Supraśl: Awigdor Rabinowicz.

Supraśl. Murowana bóżnica. [The stone synagogue.]

1. Żydzi przebywali w Supraślu bardzo krótko już w XVII wieku, ale pierwszą synagogę wzniesiono dopiero u schyłku XVIII wieku (Dołmatow). W 1833 r. na 3092 mieszkańców było tu 459 Żydów. W 1857 r. w Supraślu mieszkało 227 Żydów. Gmina podporządkowana była gminie żydowskiej w Białymstoku. Zmarłych Żydów z Supraśla grzebano także w Białymstoku (cmentarz żydowski w Supraślu powstał w 1940 r.). W 1878 r. na 3091 mieszkańców, starozakonnych było 538 a w 1897 r. na 2459 mieszkańców, Żydzi stanowili 19,8% (466). Pierwszy spis w Polsce odrodzonej wykazał 390, a w 1931 r. już tylko 286 Żydów. W 1939 r. po 17 września wraz z uciekinierami mieszkało tu około 450 Żydów.

2. Główne skupisko domów i placów żydowskich znajdowało się przy ulicy Zgierskiej, później 11 Listopada (obecnie Waryńskiego). Tu znajdowała się główna bóżnica (był jeszcze prywatny dom modlitwy). Przy tej ulicy mieszkał także rabin, znajdowała się mykwa oraz cheder. Mimo, że Żydzi przebywali w Supraślu już od XVIII wieku to prawne pozwolenie na przebywanie uzyskali dopiero w 1903 r. W Supraślu urodził się słynny rabin Abraham Zalman Korec, który w 1924 r. został rabinem w Ewie (Pensylwania, USA). Ostatnim rabinem w Supraślu był Awigdor Rabinowicz.

3. Pierwsza bóżnica z końca XVIII wieku była drewniana. W latach 60-tych XIX wieku dzięki subwencji fabrykanta niemieckiego (!) Bucholza wzniesiono nowy, murowany dom modlitwy przy ulicy Zgierskiej. Był to ładny budynek dwukondygnacyjny, w stylu neokla-

Supraśl. Murowana bóżnica. [The stone synagogue.]

sycystycznym z niewiel- ką przybudówką dla ko- biet (wejście na piętro- wy babiniec). Bóżnica przykryta była dwuspa- dowym dachem począ- tkowo z dachówką, później zaś blachą (od około 1901 r.). Bóżnica zwieńczona była fron- talnie oszczędną w de- tale fasadą z hebrajskim napisem. Okna zakoń- czono półokrągłym łu- kiem. Okna miały kolorowe szybki. W sy-

Supraśl. Projekt murowanej bóżnicy.
[The design of the stone synagogue.]

nagodze były piękne obrazy przedstawiające symbole 10 plemion izraelskich. Obiekt znajdował się w niewielkim oddaleniu od ulicy na małej górce. Według relacji otaczały go liczne brzozy.

W 1901 r. bóżnica ta została przebudowana (odbudowana?). Zlikwidowano osobne wejście dla kobiet, dobudowując duży fragment budynku od strony południowej. Powstała ozdobna elewacja w stylu neogotyckim (projekt nie zrealizowany). Central- nie miały być umieszczone detale tablic mojżeszowych oraz Gwiazdy Dawida.

Bóżnica supraska została wysadzona przez Niemców poprzez wrzucone do wnętrza wiązki granatów. Zniszczeniu uległa wspaniała terakotowa posadzka. Resztki budynku rozebrano a cegłę wykorzystano do obmurowania budynku miejscowej żandarmerii. Orientacyjne wymiary bóżnicy 16 x 20 metrów.

4. Rysunki wykonano w oparciu o relacje, szkice i opisy mieszkańców Supraśla oraz o dostarczone przez Jakowa Pata zdjęcie tej bóżnicy. Dodatkowym uzupełnieniem był zachowany projekt przebudowy bóżnicy zachowany w Archiwum w Grodnie, CGIA, zespół 8, dział 2, teka 2143.

— N. Dołmatow, Supraślski błagowieszczańskij monastyr. Istoriko-statisticzieskije opisanije, S. Petersburg 1862.

— Supraśl. Studium historyczno-urbanistyczne, opr. B. Tomecka i M. Dolistowska, Białystok 1979 (BBIDZ).

— J.Patt, Księga pamiątkowa gminy żydowskiej w Supraślu, Yizkor Bukh Supraśl, Izrael, 1991 (maszynopis).

— T. Wiśniewski, Gmina żydowska w Supraślu, „Kurier Podlaski”. Reporter 1986, nr 134.

— relacje L. Dobrowolski, J.Patt, D. Fajn i inni.

Suraż

The earliest mention of Jews in Suraż
dates back to the 16th century, but the
small community ceased to exist when
the town obtained the „de non
tolerandis judaeis" privilege. Some
Jewish families appeared again at the
end of the 18th century. The wooden
synagogue was built at the beginning
of the 19th century, but was pulled
down in 1909 and a new one built.
When it burnt down as a result of
fighting in the First World War, a new
synagogue was built from the funds
provided by Jewish emigrants from
Suraż to America. Shortly before
1939 there was no rabbi.

---

1. Już w XVI wieku pojawili się w Surażu pierwsi Żydzi, najczęściej arendarze ceł, myt i innych podatków. Pierwsi starozakonni według źródeł pojawili się w 1525 r. Niewielkie skupisko żydowskie przestało istnieć w Surażu w połowie XVII wieku, z uwagi na uzyskany przez miasto przywilej „de non tolerandis judaeis". Rejestr z 1676 r. nie wspominał już o ludności żydowskiej. Żydzi pojawiają się ponownie pod koniec XVIII wieku. Spis pruski z 1799 r. odnotował na 723 mieszkańców ledwie 12 Żydów. W 1807 r. było w Surażu 26 Żydów. W 1845 r. liczono tu już 239, a w 1878 r. 218 wyznawców religii mojżeszowej. „Po pierepisy" z 1897 r. na 1599 mieszkańców osady było tu 368 Żydów. W 1921 r. liczono tu 120, a w 1931 r. już tylko 86 Żydów. (około 15-20 rodzin). W 1939 r. po 17 września Szymon Datner podawał liczbę 40 Żydów przebywających w Surażu.

2. Pierwsza bóżnica, z pewnością drewniana, istniała przypuszczalnie już w XVI wieku. Na początku XIX wieku wzniesiono tu ponownie, nową drewnianą bóżnicę. Największe skupisko domów i placów żydowskich znajdowało się wzdłuż ulicy Białostockiej za rzeką po przeciwej stronie aniżeli kościół katolicki, a także wokół rynku. Cmentarz żydowski według Stafińskiego założono w 1865 r. Autor niniejszego opracowania zidentyfikował na jego terenie macewę z 1792 r. Cmentarz położony jest w północno-wschodniej części osady. W okresie międzywojennym w Surażu nie było rabina. Od 1928 r. dojeżdżał do Suraża rabin z Zabłudowia Joachan Mirsky.

3. Prezentowana bóżnica (rysunek 1 i 2) została poświęcona w 1910 r. Projekt bóżnicy wykonał Motel Chaimowicz Perel; 30 grudnia 1898r. przedstawił go władzom gubernialnym. Nowa świątynia miała stanąć obok starej z 1850r. Władze carskie nie wyraziły jednak zgody z uwagi na bliskie sąsiedztwo cerkwi prawosławnej. Wówczas Perel zmienił projekt i zgłosił propozycję przeprowadzenia remontu i przebudowy starej bóżnicy. Pertraktacje trwały do 4 lutego 1901 r.

Suraż. Drewniana bóżnica nad rzeką.
[The wooden synagogue on the river.]

Wówczas oficjalnie cofnięto zakaz budowy nowej bóżnicy i od 19 lutego tegoż roku rozpoczęto prace budowlane, obok starej synagogi. Stara świątynia została rozebrana ostatecznie około 1909 r. a od 1910 r. czynna była już nowa. Zbudowany obiekt był prostym, dwukondygnacyjnym budynkiem. Bóżnica stała w niedalekiej odległości od placu magistrackiego (rynku) z cerkwią tuż nad samą rzeką Narwią, blisko mostu. W 1915 r. w wyniku walk w rejonie Suraża synagoga spłonęła. Około 1917 r. wzniesiono nową bóżnicę (rysunek 3). Fundusze na nią dostarczyli emigranci z Ameryki. Był to prosty dom modlitwy. Na froncie przymocowano wizerunek dwóch lwów symbolizujących plemię Judy oraz inne oszczędne detale i ornamenty. Niewielki babiniec znajdował się na pięterku. Bóżnica stała u zbiegu dróg na Białystok i Zabłudów przy ulicy Białostockiej. Obiekt został spalony przez Niemców podczas II wojny światowej.

4. Rysunek 1, 2 wykonano w oparciu o projekt zachowany w Archiwum w Grodnie, CGIA, zespół 8, dział 2, teka 1346, karty 1-2, 14, 16--17, 36 i 40. Rysunek 3 wykonano w oparciu o rekonstrukcję autora wykonaną na podstawie szkiców i relacji mieszkańców

Suraż. Drewniana bóżnica. [The wooden house of prayer.]

Suraża, w szczególności
W. Litwińczuka i J. Antoniuka.

— A. Stafiński, Z przeszłości Suraża, Białystok 1937.

— Suraż, Studium historyczno-urbanistyczne, opr. J. Kazimierski i A. Lutostańska, Warszawa 1959, BBIDZ.

— A. Grajter, T. Wiśniewski, Dokumentacja ewidencyjna cmentarza żydowskiego w Surażu, Białystok 1985, BBIDZ. Tu też obszerna bibliografia.

Suraż. Nowa drewniana bóżnica.
[The new wooden house of prayer.]

Tykocin

The kahal in Tykocin was established in 1522. The famous scholar and poet Rebecca Tyktin was born here in the 16th century. Royal privileges increased the importance of the Tykocin kahal which in the mid-17th century became the fifth district kahal in Korona (Poland). The territory of the Tykocin district covered a 150 km radius. Today Tykocin is a unique remnant of the once thriving Jewish life, due to its preserved and carefully renovated 17th century brick synagogue, now a museum of Judaism. It replaced the earlier wooden synagogue, known to have existed as far back as the 16th century. The last rabbi at the beginning of the 20th century was Abraham Zwi Pinchos.

1. Żydzi osiedlili się w Tykocinie i stworzyli tam gminę w 1522 r. Kolejne przywileje z 1536, 1576 i 1639 r. potwierdzały i rozszerzały pierwotny przywilej z 1522 r. W 1552 r. liczono w Tykocinie 37 żydowskich domów, a w 1559 r. już 50 rodzin żydowskich. W 1616 r. mieszkało tu według szacunków 324, a w 1655 r. 540 Żydów. W 1765 r. liczono w Tykocinie (z wsiami) 2694 Żydów. Kahał Okręgowy w Tykocinie w owym czasie był piątą

Tykocin. Wielka Synagoga, ściana wschodnia.
[The Great Synagogue. East side.]

gminą żydowską w Koronie po Brodach, Lwowie, Lesznie i Kazimierzu przy Krakowie. Zasięg terytorialny gminy tykocińskiej miał promień prawie 150 kilometrów. Spis pruski z 1799 r. na 2905 mieszkańców odnotował w Tykocinie 1652 starozakonnych. W 1826 r. było tu 1777 wyznawców religii mojżeszowej. W połowie stulecia liczba Żydów gwałtownie wzrastała i w 1856 r. było tu 3456, a w 1860 r. już 3545 Żydów i tylko 1293 chrześcijan. Od schyłku XIX wieku liczba Żydów stopniowo malała (Tykocin ominęła linia kolejowa). Spis z 1921 r. na 2993 mieszkańców odnotował ledwie 1461 starozakonnych. W 1937 r. na około 3400 mieszkańców Żydzi stanowili 44% ogółu. W 1939 r. po 17 września mieszkało tu około 2000, a w 1941 r. 2300 Żydów.

2. Największe skupisko domów i placów żydowskich znajdowało się wokół rynku żydowskiego oraz wokół Wielkiej Synagogi, a także w zachodniej części miasta zwanej Kaczorowo wzdłuż ulicy Holendry i Świerczewskiego. Dzielnica żydowska zlokalizowana była w zachodniej części za wpadającą do Narwi rzeczką Motławą. Tu też znajdowało się kilka innych, mniejszych domów modlitwy, duża łaźnia, mieszkanie rabina. Cmentarz żydowski założony został w 1522 r. (najstarszy zachowany obecnie cmentarz żydowski w Polsce). Tu w I połowie XVI wieku urodziła się słynna poetka i uczona żydowska Rebeka Tyktin. W 1884 r. rabinem był tu Eliahu Zwi Hirsz Hacohen, w 1889 r. urząd ten sprawował w Tykocinie Szimson Kacenelbogen, a od 1912 r. rabinem był Abraham Zwi Pinchos.

Tykocin. Wielka Synagoga. [The Great Synagogue.]

Tykocin. Nowa murowana bóżnica. XVIII w.
[The new stone synagogue.]

3. Pierwsza bóżnica, drewniana istniała już w XVI wieku. Obecnie istniejąca, została wzniesiona w miejsce starej w 1642 r. Jak pisał J. Glinka „powaga synagogi tykocińskiej (czytaj gminy) kontrolującej szereg kahałów wymagała godnej reprezentacji". Bóżnica zachowała układ regularny. Sklepienie zostało wsparte na 4 potężnych kolumnach, które przechodziły w dolnej części w konstrukcję bimy-kazalnicy. Bóżnica należała do grupy tzw. „dziewięciopolówek". Pole dziewiąte, środkowe zajmowała właśnie bima. W prawym narożniku bóżnicy, w części północno-zachodniej dobudowana była baszta. Pierwotnie obiekt posiadał dach renesansowy, jak w Żółkwi, czy Szarogrodzie. Wydaje się także, że wzorcem budowlanym bóżnicy tykocińskiej była warowna synagoga w Pińsku z basztą, wzniesiona zaledwie 2 lata wcześniej. W okresie późniejszym bóżnica została przykryta dachem polskim, mansardowym. Od strony wschodniej była odgrodzona drewnianym płotkiem, mającym zadanie niedopuszczanie do przeszkadzania w modlitwach. W 1735 r. po pożarze miasta obok żydowskiego rynku wbudowano murowane kramnice na 22 sklepy, z których 16 przylegało bezpośrednio do samej bóżnicy. W latach 40-tych XIX wieku gmina żydowska przeprowadziła generalny remont synagogi. Ta bóżnica posiadała wspaniały zbiór synagogalii, cennych sprzętów i kotar. Obiekt został ograbiony i zniszczony przez Niemców podczas II wojny światowej. W latach 70-tych został odrestaurowany i pełni obecnie funkcje muzealne.

Tykocin. Drewniana bóżnica chasydzka.
[The hassodim house of prayer.]

Obok głównej bóżnicy stoi „nowy", dom modlitwy z końca XVIII wieku, Jest to murowany obiekt kryty dwuspadowym dachem polskim i mieści obecnie także muzeum. Budynek został podczas remontu częściowo przebudowany (wykuto nowe wejścia).

W dzielnicy Kaczorowo znajdował się także drewniany dom chasydzki wzniesiony i ufundowany przez

Lejba Kaca i Chackiela Choroszuchę. Prezentowany rysunek oparty jest na materiale z 1899 r. (projekt).

4. Rysunki głównej i starej bóźnicy wykonano w oparciu o zdjęcia autora oraz o materiały znajdujące się w Instytucie Sztuki PAN. Chasydzki dom modlitwy odtworzono na podstawie planów przechowywanych w Archiwum w Łomży; Zespół Zarząd Powiatowy Mazowiecki, sygn. 1588, str. 29.

— A. Gawurin, Dzieje Żydów w Tykocinie (1522-1795). Archiwum ŻIH, praca magisterska nr 37 (przed 1939 r.).

— Sefer Tyktin, Tel Aviv   1959.

— AGAD, Akta Komisji Rządowej WRIOP tyczące gminy żydowskiej w Tykocinie 1822-1869, Centralne Władze Wyznaniowe, sygn. 1831.

— A. Grajter, T. Wiśniewski, Dokumentacja ewidencyjna cmentarza żydowskiego w Tykocinie, BBIDZ Białystok 1988. Tu też obszerna bibliografia.

— APB, Teki Glinki, nr 278 i inne.

— Jarnutowski J., Tykocin, Miasto w dawnej Ziemi Bielskiej, „Biblioteka Warszawska" 1885, t. IV, s. 165-188.

— przewodniki, opracowania, archiwalia i inne.

Wasilków

Jewish settlement in Wasilków probably began as a result of the 30-year War of 1618-1648 when Jews expelled from Germany came to live in Poland. The community was never very large, but still had three cemeteries and three synagogues, the oldest dating back to the 17th century (?). The main syngogue was built in the second half of the 18th century and represented the architectural style of the so called „Białystok-Grodno group" (known also from places such as Sidra, Janów Sokólski, Suchowola, Wołpa). The synagogue and its annexes were burnt down by the Nazis in 1941. The last rabbi: Israel Halpern.

Wasilków. Główna synagoga i drewniany dom modlitwy.
[The central synagogue and the wooden house of prayer.

1. Napływ ludności żydowskiej do Wasilkowa był wynikiem przypuszczalnie wojny trzydiestoletniej 1618-1648, podczas której Żydzi wypędzeni z Niemiec osiedlali się na ziemiach polskich. W Wasilkowie osiedlili się przed 1653 r. Zasiedlenia dokonała gmina żydowska w Choroszczy. W 1714 r. starozakonni z Wasilkowa tworzyli przykahałek i podlegali gminie okręgowej w Tykocinie. W 1765 r. mieszkało w mieście 138 Żydów. Lustracja pruska z 1799 r. wykazała na 903 mieszkańców 144 wyznawców religii mojżeszowej. W 1807 r. na 1282 obywateli miasta mieszkało tu 280 Żydów. W 1847 r. Wasilkowski Okręg Bóżniczy liczył 621 starozakonnych. W 1897 r. na 3880 mieszkańców było tu 1470 Żydów. W 1921 r. liczba mieszkańców-Żydów spadła do 950 osób. W 1939 r. po 17 września przebywało w Wasilkowie 1300, a w 1941 r. 1250 Żydów.

2. Główne skupiska domów i placów żydowskich znajdowały się wokół rynku, przeważnie w jego północnej i zachodniej pierzei, a także wzdłuż ulicy Białostockiej. Istniały tu aż 3 żydowskie cmentarze. Do naszych czasów dochował się jeden, niewielki przy trakcie na Dąbrówkę. Centrum synagogalne znajdowało się przy dawnej ulicy Wojtkowskiej na południowy zachód od rynku i cerkwi. Tu też znajdowały się 3 bóżnice: „Stary Beth Midrasz" z 1806 r., „Orach Chaim Beth Midrasz" z 1880 r., „Chaje Adam Beth Midrasz" oraz główna najstarsza bóżnica. Od końca XVIII wieku działało tu bractwo Hewre Kadisza. Do 1935 r. rabinem był Rafael Gordon, a od 1935 r. „postępowy" rabin Izrael Halper. Jego synowie Jakow i Szmuel posiadali również tytuły rabinackie.

Wasilków. Projekt murowanej bóżnicy. [The design of the stone synagogue.]

3. Pierwsza bóżnica w Wasilkowie istniała już w XVI wieku. Okazałą bóżnicę wzniesiono jednak dopiero w II połowie XVIII wieku. W 1809 r. obiekt był remontowany. Bóżnica usytuowana była pomiędzy rynkiem, ulicą Białostocką i Kupiecką. Obok niej wybudowano w późniejszym czasie (schyłek XIX wieku) duży, drewniany przyszkółek. Bóżnica wasilkowska przypominała pod względem konstrukcyjnym inne bóżnice „grupy białostocko-grodzieńskiej": w Sidrze, Janowie Sokólskim, Suchowoli, Wołpie czy Sopoćkiniach. Charakterystyczny dwuspadowy dach pokryty był gontem. Wokół niego obiegał ozdobny fryz. Po 1809 r. dobudowano osobne galeryjki dla kobiet i obszerny przedsionek. Bóżnica ta wraz z przyszkółkami została spalona w 1941 r. przez Niemców.

Obok głównej starej bóżnicy i przyszkółka 5 października 1895 r. z inicjatywy Abrama Barasza i Berki Kawenoki rozpoczęto budowę murowanego domu modlitwy zwanego „Chaje Adam" (Życie Człowieka). Budowę ukończono 10 lipca 1896 r. Był to prosty, ceglany obiekt z charakterystycznymi, półokrągłymi oknami. Dach był dwuspadowy pokryty dachówką. Bóżnica „Chaje Adam" spłonęła w pierwszych dniach lipca 1941 r. Inne źródła mówią, że spłonęła w 1916 r.

4. Rysunek starej bóżnicy wykonano w oparciu o zdjęcie dostarczone przez pana A. Rudolfa z Anglii, którego przodkowie wywodzili się z Wasilkowa. Bóżnica ceglana: na podstawie zachowanego projektu z Archiwum w Grodnie, CGIA, zespół 8, dział 2, teka 1097, karty 6, 14 i 15.

— Wasilków. Studium. opr. L. Kozakiewicz, W. Kochanowski, PKZ 1960.

— L. Mendelewicz, Wasilkow Yizkor Bukh, Melbourne 1991.

— A. Grajter, T. Wiśniewski, Dokumentacja ewidencyjna cmentarza żydowskiego w Wasilkowie, BBIDZ Białystok 1986. Tu też obszerna bibliografia.

— T. Wiśniewski, Nieznana drewniana bóżnica w Wasilkowie, „Kurier Podlaski". Reporter 1988, nr 60.

—relacje A. Rudolf (Anglia), L. Mendelewicz (Australia), B. Lewis (USA) i inni.

Zabłudów

Jews are reported to have appeared in Zabłudów in the 1520s, possibly they came even earlier. The settlement was set up by the Tykocin kahal. Various privileges in the 17th century increased the importance of the town in which Jews always constituted the majority of the population. Before the Second World War the town had five prayer-houses and one main syngogue, the most famous in the whole region. According to local belief it already existed in the 15th century. The Polish historian of the region, Zygmunt Gloger, thought the main body of the synagogue dated back to the 16th century, while other documents point to between 1614 and 1635. The synagogue was built of larch wood without the use of nails. The true masterpiece of building and carpentry was its three storey roof. There were many other fascinating details. The fate of this marvellous monument of Jewish history and religion was not different from that of many others — it was burnt down when the German troops entered Zabłudów in June 1941. The last rabbi: Joachan Mirsky.

Zabłudów. Słynna drewniana synagoga. [The famous wooden synagogue.]

1. Żydzi pojawiają się w Zabłudowie w latach 20-tych XVI wieku. Jewrejska Encyklopedia pisze, iż są tu już pod koniec XV wieku. Gmina żydowska powstała w 1566 r. Zasiedlenia dokonała gmina okręgowa w Tykocinie. W 1635 r. Żydzi zabłudowscy uzyskują pozwolenie na budowę szpitala i bóżnicy. Kolejne przywileje w 1645 r. uzyskują od Janusza Radziwiłła. W 1765 r. w Zabłudowie i okolicy było 831 starozakonnych. Spis pruski z 1799 r. na 1472 mieszkańców odnotował 211 Żydów. Pierwszy spis carski z 1807 r. na 1831 obywateli odnotował już 922 Żydów. W 1847 r. Zabłudowski Okręg Bóżniczy liczył 2165 Żydów, w latach 80-tych XIX wieku liczono tu około 2500 Żydów. Spis z 1897 r. na 3772 mieszkańców wykazał aż 2621 starozakonnych. W 1921 r. było tu 1817, a w 1931 r. 1952 Żydów. W 1939 r. po 17 września według Szymona Datnera mieszkało tu około 1900 Żydów.

2. W Zabłudowie przed wojną było 5 domów modlitwy i 1 główna, drewniana synagoga. Wokół nich koncentrowało się życie religijne i gospodarcze mieszkańców Zabłudowa. Główne skupisko domów i placów żydowskich znajdowało się w tzw. „Zaułku Żydowskim" w rejonie głównej żydowskiej świątyni. Żydzi mieszkali także przy ulicy Białostockiej, Suraskiej, Szkolnej, Łaziebnej, Przyrzecznej i Zatylnej. Dzielnica żydowska zlokalizowana była w północno-zachodniej części miasta. Słynni rabini Hesekiel Heifner i Jakob Kreplat. Ostatni rabin w Zabłudowie Joachan Mirsky. Cmentarz żydowski stary, który znajdował się w centrum miasta, obecnie nie istnieje; drugi, dziewiętnastowieczny, jest w południowo-zachodniej części miasta.

Zabłudów. Słynna drewniana synagoga. [The famous wooden synagogue.]

3. Słynna drewniana synagoga według miejscowych podań miała być wzniesiona już w XV wieku. Z.Gloger oceniał powstanie głównego trzonu obiektu na wiek XVI. Z kolei znakomity przedwojenny fotograf Szymon Zajczyk ostrożnie szacował jej powstanie na XVII wiek. Potwierdzeniem dla tej informacji jest wyciąg z archiwum dworskiego Zabłudowa, z którego wynika, że Krzysztof Radziwiłł w 1635 r. udzielił pozwolenia na zbudowanie bóżnicy. Niektórzy badacze twierdzą wszakże, że w tym roku dobudowano jedynie skrzydło obiektu, a sama bóżnica miała być wzniesiona w latach 1614-1621. Bóżnica została zbudowana z drzewa modrzewiowego bez użycia gwoździ. Dąb i sosnę napotykamy tylko w niektórych miejscach jako ślady późniejszych restauracji. Według pinkasu w 1646 r. w wyniku rekonstrukcji przybudowano dodatkowe oddziały modlitewne dla kobiet — babińce. Następne restauracje miały miejsce w 1705 i 1712 r. W 1765 r. odnowiono napisy w przedsionku. Majstersztykiem konstrukcyjnym i sztuki ciesielskiej był 3-kondygnacyjny, łamany dach kryty gontem. Przed wejściem głównym znajdowała się wąska i niedostępna galeryjka o charakterze ornamentacyjnym (podobnie jak w Śniadowie, Łomżyńskie). Jeden ze szczytów narożnych jak zauważył Gloger „nosi na sobie piętno stylu nazywanego dziś zakopiańskim". Bersohn dostrzegł w szczycie „ułożone sztucznie z drzewa o różnorodnych słojach" kompozycje. Obiekt miał 18 metrów długości i 11 szerokości. Nawę główną obiegał ozdobny fryz. Dwa pawilony flankujące budynek na jego rogach żywo przypominają koncepcję alkierzową stosowaną przy budowie polskich dworków.

206

Zabłudów. Drewniany dom modlitwy. [The wooden house of prayer.]

Podcienie i przybudowki naśladują z kolei lokalne spichrze i świronie. W przybudówkach mieścił się sąd rabinacki, zarząd kahału, być może znajdowało się tutaj więzienie (pręgierz?). Poziom sali głównej był niższy od przedsionka. Bóżnica została spalona w czerwcu 1941 r. przez wkraczające do Zabłudowa oddziały niemieckie.

Obok głównej bóżnicy stał duży dom modlitwy zwany „Grojse Beth Midrasz". Był to prosty, drewniany obiekt, kryty czterospadowym dachem. Widoczny detal Gwiazdy Dawida. W tej części znajdował się Aron Ha Kodesz. Bóżnica ta została wzniesiona przypuszczalnie w 1894 r. z inicjatywy bogatej Żydówki Bejli Ape. Obiekt został spalony przez Niemców w czerwcu 1941 r.

4. Rysunek głównej bóżnicy wykonano w oparciu o materiały ikonograficzne znajdujące się w Instytucie Sztuki PAN w Warszawie oraz na podstawie oryginalnych zdjęć znajdujących się w zbiorach autora. Rysunek „Grjose Szul" wykonano w oparciu o reprodukcję pochodzącą z: Zabludowo, Yizkor Book. In Memoriam, Buenos Aires 1962.

— Zabludowo, op. cit.

— Zabludow, Pages from Yizkor Book. Publisher The Zabludow Community in Israel, Kfar Chabad 1987 (Izrael).

— Archiwum w Grodnie, CGIA, zespół 8, dział 2, teka 911.

— G. Zakrzewska-Dąb, Zabłudów w XIX wieku, Praca magisterska, Białystok 1985 (maszynopis), Filia UW.

— T. Wiśniewski, Modrzewiowa synagoga, „Kurier Podlaski". Reporter 1986, nr 32.

— relacje, oględziny, korespondencje.

Jewish Settlement in the Białystok Region

(Osadnictwo żydowskie
na Białostocczyźnie)

Settlement	The date of granting town priviliges	First appearance of Jews	Establishment of the community
(miejscowość osada)	(data otrzymania praw miejskich)	(data pojawienia się Żydów)	(założenie gminy)
1. Białowieża	—	koniec XIX w.	ok. 1910 r.
2. Białystok	1745(1691?)r.	1658 r.	1691 lub 1711 r.
3. Bielsk Podlaski	1495(1430 wójt)	1487 r.	1802r.
4. Boćki	1509 r.	1577 r.	1578 r.
5. Brańsk	1493 r.	1613 r.	1820 r.
6. Choroszcz	1507 r.	1556 r.	1566 r.
7. Dąbrowa Biał.	przed 1775 r.	pocz. XVIII w.	poł. XVIII w.
8. Drohiczyn	1498(1429 wójt)	1487 r.	pocz. XIX w.
9. Gródek	pocz. XVI w.	poł. XVII w.	kon. XVII w.
10. Hajnówka	1950 r.	kon. XIX w.	ok. 1915 r.
11. Jałówka	1545 r.	1708 r.	1708 r.
12. Janów Sokólski	1791 r.	poł. XVII w.	pocz. XVIII w.
13. Jasionówka	1642 r.	XVI w.	XVII/XVIII w.
14. Kleszczele	1523 r.	1580 r.	XVIII/XIX w.
15. Knyszyn	1568 r.	1605 r. (starostwo)	pocz. XVIII w.
16. Korycin	1671 r.	pocz. XVII w.	pocz. XVIII w.
17. Krynki	1569 r.	pocz. XVII w.	1639 (1662?) r.
18. Kuźnica	1546 r.	pocz. XVII w.	przed 1623 r.
19. Łapy	1935 r.	kon. XIX w.	1900 r.
20. Michałowo	—	pocz. XIX w.	1903 r.
21. Mielnik	1440 r.	1533 r.	poł. XVIII w.
22. Milejczyce	1516 r.	XVI w.	poł. XVIII w.
23. Narew	1514 r.	1560 r.	pocz. XIX w.
24. Narewka	przed 1794 r.	XVIII/XIX w.	pocz. XIX w.
25. Niemirów	przed 1613 r.	1708 r.	poł. XVIII w.
26. Nowy Dwór	1578 r.	1540 r.	1558 r.
27. Orla	1634 r.	XVI w.	XVI/XVII w.
28. Sidra	1566 r.	kon. XVII w.	XVII/XVIII w.
29. Siemiatycze	1542 r.	1582 r.	przed 1667 r.
30. Starosielce	—	1772 r.	1910 r.
31. Sokółka	1609 r.	II poł. XVII w.	1698 r.
32. Suchowola	przed 1777 r.	pocz. XVII w.	1698 r.
33. Supraśl	po 1861 r.	XVII w.	pocz. XIX w.
34. Suraż	1445 r.	1525 r.	pocz. XIX w.
35. Tykocin	1425(1424 wójt)	1522 r.	1522 r.
36. Wasilków	1566 r.	1653 r.	1714 r.
37. Zabłudów	poł. XVI w.	pocz. XVI w.	1566 r.

Bibliografia

Wykaz skrótów (Abbreviations)

APB   Archiwum Państwowe w Białymstoku
APŁ   Archiwum Państwowe w Łomży
AGAD   Archiwum Główne Akt Dawnych w Warszawie
AAN   Archiwum Akt Nowych w Warszawie
BBIDZ Biuro Badań i Dokumentacji Zabytków w Białymstoku
CGIA   Centralne Archiwum w Grodnie
KRSW   Komisja Rządowa Spraw Wewnętrznych
MN   Muzeum Narodowe w Warszawie
MSW   Ministerstwo Spraw Wewnętrznych
ODZ   Oddział Dokumentacji Zabytków
PAN   Polska Akademia Nauk
PKZ   Pracownie Konserwacji Zabytków
UW   Uniwersytet Warszawski
WPB   Wojewódzka Biblioteka Publiczna w Białymstoku
WRIOP   Wyznania Religijne i Oświecenie Publiczne
ZAP   Zakład Architektury Polskiej w Warszawie
ŻIH   Żydowski Instytut Historyczny w Warszawie

Archiwalia (Archives)

Archiwum Akt Nowych w Warszawie, Katalog projektów Ministerstwa Spraw Wewnętrznych, t. II, między innymi projekty synagog w Bielsku Podlaskim, Brańsku, zdjęcia domu modlitwy w Bielsku P., inne.

Archiwum Główne Akt Dawnych, Centralne Władze Wyznaniowe oraz Komisja Rządowa Spraw Wewnętrznych obejmujące obszar Królestwa Polskiego; są też materiały dotyczące gminy żydowskiej w Tykocinie.

Archiwum Państwowe w Białymstoku, Wydział Konserwatorski, Teki Glinki i inne.

Archiwum Państwowe w Łomży, między innymi materiały dotyczące bóżnic w Tykocinie.

Archiwum Fotograficzne Biura Badań i Dokumentacji Zabytków w Białymstoku.

Archiwum Fotograficzne Żydowskiego Instytutu Historycznego w Warszawie, między innymi zdjęcia obiektów, które przetrwały z lat 1950-1960. Tu też zbiór dokumentów i relacje osób z województwa białostockiego, które uniknęły zagłady: kwestionariusze o gettach; Archiwum Podziemne Getta Białostockiego (Białystok, Bielsk Podlaski, Gródek, Hajnówka, Jasionówka, Kleszczele, Knyszyn, Korycin, Milejczyce, Narewka.)

Archiwum Fotograficzne Zakładu Architektury Polskiej w Warszawie, między innymi zdjęcia kilku białostockich bóżnic.

Archiwum Fotograficzne Instytutu Sztuki Polskiej Akademii Nauk w Warszawie. Największa ilość materiałów ikonograficznych między innymi wiele zdjęć Szymona Zajczyka i innych.

Archiwum Fotograficzne, prywatne, autora, między innymi zdjęć synagogi w Zabłudowie, Boćkach wnętrza synagogi w Kuźnicy i wiele innych.

Archiwum Fotograficzne Instytutu Beth Hatefutsoth w Tel Avivie między innymi wnętrza synagogi w Orli i inne.

Archiwum Fotograficzne Instytutu Pamięci Yad Vashem w Jerozolimie, między innymi zdjęcia bóżnic, które przetrwały i później zostały rozebrane: Krynki, Choroszcz i inne.

Bialystok Archive Committee, Uniwersytet Hebrajski w Jerozolimie; tu zbiory prasy żydowskiej dotyczące Białegostoku i regionu z całego świata (Argentyna, USA, Canada, Australia); wiele prezentacji bóżnic, w szczególności białostockich.

Archiwum YIVO Instytut, New York, USA. Wiele zdjęć bóżnic z Białegostoku i regionu, (m. in. Bielsk Podlaski).

Archiwum Centralne w Grodnie. Kilkadziesiąt projektów bóżnic z Białegostoku i regionu wraz z opisami, planami i informacjami z okresu 1860-1914. Zespół: Komisja Budowlana Gubernatora Grodzieńskiego. Stosowane kwerendy przeprowadził dr. I. Trusov.

Literatura ogólna (Biliography: general)

Alexandrowicz St., Geneza i rozwój sieci miasteczek Białorusi i Litwy do połowy XVIII w. (w:) „Acta Baltico-Slavica", t. 7, Białystok 1970.

Berszadskij A., Dokumenty i regestry historii litovskich jevrejev, t. I 1388-1550, t. II 1550-1569, S. Petersburg 1882; tenże, Litovskije jevrei 1388-1569, S. Petersburg 1883.

Datner S., Eksterminacja ludności żydowskiej w okręgu białostockim (w:) Biuletyn ŻIH 1966, nr 60

Dobroński A., Infrastruktura społeczna i ekonomiczna Guberni Łomżyńskiej i Obwodu Białostockiego (1866-1914), Białystok 1986.

Drugi Powszechny Spis Ludności z dn. 9 XII 1931 r. Województwo Białostockie, Warszawa 1938.

Encyklopedia Judaica, t. II, Berlin 1928, t. VII, Berlin 1930

Encyklopedia Judaica. vol. I-IV, Berlin 1906-1912 (?).

Encyklopedia Judaica, vol. I-XVI, Jerusalem 1970 i nast.

Herszberg. A. S. Pinkas Bialistok vol. I, II New York 1949/1950

Istorija jevrejskovo naroda, t. XI, Moskwa 1914.

Jewish Encyklopedia, vol. I-XII, New York 1901-1912-1916.

Jevrejskaja Encikłopedia, t. I-XVI, Petersburg (bez roku).

Judisches Lexikon, t. I i IV/2, Berlin 1930.

Kosiński L., Miasta woj. Białostockiego, Warszawa 1962.

Leszczyński A., Żydzi Ziemi Bielskiej, Wrocław 1980; tenże, Sprawa nazewnictwa organów samorządu żydowskiego w dawnej Rzeczypospolitej w Biuletynie ŻIH 1986, nr 3-4; Struktura społeczna ludności żydowskiej miast i miasteczek dawnego Obwodu Białostockiego w latach 1864-1914, Biuletyn ŻIH 1984, nr 3-4 i inne artykuły opublikowane w Biuletynie ŻIH.

Miasta Polskie w Tysiącleciu, pod. red. St. Pazyra, t. I, Wrocław—Warszawa—Kraków 1965.

Materiały dla gieografii i statistiki Rossi. Grodnieńska Gubernia, opr. P. Bobrovski, cz. I, II, St. Peterburg 1863.

Orłowicz M., Przewodnik ilustrowany po województwie białostockim, Białystok 1937.

Pierwaja wsieobszczaja pierepis nasilenija Rossijskoj Imperii 1897 goda, t. XI (Grodnieńska Gubernia), Petersburg 1904.

Pierwszy Powszechny Spis Rzeczypospolitej Polskiej z dn. 30 września 1921 r. Województwo Białostockie, Warszawa 1927 + skorowidze.

Słownik Geograficzny Królestwa Polskiego i innych krajów słowiańskich, t. I-XV, Warszawa 1880-1902.

Starożytna Polska pod względem historycznym, jeograficznym i statystycznym, opr. M. Baliński, T. Lipiński, t. III 1886.

Wąsicki J., Pruskie opisy miast polskich. Departament Białostocki, Poznań 1964.

Literatura podstawowa
(Bibliography: primary sources)

Aronson Ch., Wooden Synagogues, „The Menorah Journal", New York 1937.

Ausstellund von jud Bauten und kulturgegen stamden für Synagogue und Haus in Abbildungen und Orginalen, Frankfurt 1909.

Bałaban M., Bóżnice obronne na wschodnich kresach Rzeczypospolitej (w:) Studia Historyczne, Warszawa 1927; tenże, Dzielnica żydowska, jej dzieje i zabytki, Lwów 1909, „Biblioteka Lwowska", t. V i VI; Zabytki historyczne Żydów w Polsce, Warszawa 1927 i inne prace.

Bersohn M., Kilka słów o dawniejszych bóżnicach drewnianych w Polsce, Kraków 1895, z. I, 1990, z. II, 1903, z. III.

Breier A., Eisler M., Grunwald M., Holzsynagogen in Polen, Baden bei Vien 1934.

Brieffny B., The Synagogue, Jerusalem-Tel Aviv-Haifa 1978.

Chrzanowski T., Piwocki K., Drzewo w polskiej architekturze i rzeźbie ludowej, Wrocław 1981.

Dawidowicz D., Sinagogues en Polonia, t. I, Buenos Aires 1961; tenże, Synagogues in Poland and their destruction, Jerusalem 1960; Wandmalareien in alten Synagoguen, Hannower 1969; Wall-paintings of synagogues in Poland, Jerusalem 1968 i inne prace.

Die Architektur de Synagoge. Deutsches Architektur Museum. Beth Hatefutsoth, Frankfurt n.M. 1988.

Eisenberg A., The Synagogue through the Ages, New York 1974.

Gloger Z., Budownictwo drzewne i wyroby z drzewa w dawnej Polsce, t. I, Warszawa 1907; tenże, Encyklopedia Staropolska t. I-IV, Warszawa 1900.

Grotte A., Deutsche, bomische und polnische Synagogentypen von Aufgang bis XIX Jarhundert, Berlin 1915.

Gutman J., The Synagogue. Studies in Origins Archeolog and Architectura, New York 1975.

Harkavy A., Istoriczieskaja sprawka o sinagogach i jewriejskich modlitwiennych domach w Rossi do carstwowanija Aleksandra II, „Woschod", t. III 1894, s. 54-77.

Jagielski J., Krajewska M., Polskie bóżnice: odbudowa pamięci, „Znak" 1983, nr. 2-3, s. 412-422.

Jewish Art. wyd. Cecil Roth, Ramat Gan 1961, tu artykuł A. Kastana.

Kaploun U., The Synagogue, Jerusalem 1973.

Kohn J., The Synagogue in Jewish Life, New York 1971.

Krajewska M., Zabytki odeszłego świata, „Poznaj swój kraj" 1984, nr 3.

Krinski C.M., Synagogues in Europe. Architecture, history, meaning, Cambridge (Mass, USA) 1985.

Kubiak A., Żydowska architektura zabytkowa w Polsce, „Biuletyn ŻIH" 1953, nr 2-3.

Levy I., The Synagogue; Its History and function, London 1963.

Loukomsky G., Jewish Art in European Synagogues, London 1947.

Mokłowski K., Sztuka ludowa w Polsce, Lwów 1903.

Piechotkowie M. K., Bóżnice drewniane, Warszawa 1957.

„Polska Sztuka Ludowa", 1989, nr 1—2.

Rosenau H., The Synagogue Protestant Church Architecture.

Journal of the Warburg and Courtauld Institut, t. IV, London 1940-1941.

Schiper I., Sztuka plastyczna Żydów w dawnej Rzeczypospolitej (w:) Żydzi w Polsce Odrodzonej, Warszawa 1936.

Sprawozdania Komisji do Badań Historii Sztuki.

Szyszko-Bohusz A., Materiały do architektury bóżnic w Polsce. Prace Komisji Historii Sztuki, t. IV, z. I, 1927.

Wieś i Miasteczko. Materiały do architektury polskiej, TONZP Warszawa 1916.

Wischnitzer R., The Architecture of the Eropean Synagogue, Philadelphia 1964

Wiśniewski T., ... kilkadziesiąt artykułów na temat bóżnic Białostocczyzny publikowanych w: „Mówią Wieki", „Folks-Sztyme", „Białostocczyźnie", „Kurierze Podlaskim", „Tygodniku Białostockim" i inne.

Zajczyk Sz., Architektura barokowych bóżnic murowanych w Polsce, Biuletyn Naukowy ZAP, nr.4 Warszawa 1933.

Zajczyk Sz., Bóżnice drewniane na terenie woj. białostockiego. Woj. białostockie. Przeszłość i zabytki, Białystok 1929.

SUMMARY

This book is about synagogues and Jewish houses of prayer in the area of the present district Białystok Voivodship. This district was created as a result of a new administrative division of Poland in 1975. It should be stated at the beginning that the area studied is an artificially created administrative district and does not correspond to the historical regions of Podlasie, Mazovia and Lithuania.

Historically, the region of „Białostocczyzna" consisted of the areas to the north of the Bug river, part of the Mielnik, the Drohiczyn and the Bielsk lands, extending north as far as Augustów; that is the area of the former Podlaskie Voivodship. This voivodship was created in 1520/1566, and in 1569 came to be a part of Korona (Poland). The Białystok region thus considered also covers parts of former Trockie and Nowogródzkie Voivodship.

The interest in the architecture of synagogues in Poland dates back to the end of the 19th century. Attempts to describe at least some of the synagogues appeared earlier in 1889 in the papers of the Commission for the Study of the History of Arts in Poland. The subject was discussed by M. Bersohn, Z. Gloger, Sas-Zubrzycki, K. Mokłowski, A. Szyszko-Bohusz, M. Bałaban, Sz. Zajczyk and many others. Large scale attempts to study Polish synagogues started with the regaining of independance by Poland. Despite over 100 years of partitions and the events of World War I that caused so much destruction, many valuable religious objects remained.

Fortunately, the Białystok region largely escaped the losses of World War I. Only several interesting wooden synagogues were destroyed, among them were those in Suraż and Knyszyn. Earlier a wooden synagogue in Choroszcz was burnt down. In the nearest vicinity, within the former Białystok Voivodship, wooden synagogues in Śniadowo and Jabłonka Kościelna, as well as brick synagogoues in Ostorołęka and Kolno, were also burnt. On the other hand, however, all the more valuable wooden synagogues survived, these in Zabłudów, Suchowola, Janów Sokólski, Sidra and Wasilków, as well as those in Wołpa, Piaski, Sopoćkinie, Jeziory or Odelsk (now Byelorussian Soviet Republic).

Whatever was preserved, taken count of, described and photographed, disappeared almost entirely during World War II. The War annihilated most outstanding monuments of the Białystok Jews, including all wooden synagogues. Even those buildings which were not burnt at the beginning of the War or used as storehouses in the years 1939—1941, underwent

215

complete destruction after the area was taken over by the Germans. Several brick synagogues survived, but, deprived of proper care and preservation, they gradually disappeared.

The destruction of the Jewish religious architecture was a background to the annihilation of the Jewish people in the lands where they had existed for several hundred years. Today the only remaining material proof of the Jewish past are the „stone forests" — the Jewish cemetaries. These also are gradually disappearing due to neglect and lack of respect, possibly soon to be gone forever.

According to the author's estimations about 160—165 synagogues, among them about 80 brick ones, existed in the Białystok district before 1939 in the area of 3 counties: Białystok, Bielsk and Sokółka. It is difficult to establish precise data since the religious establishment was sometimes not in the building of the synagogue, but in a small room serving as a house of prayer. The following criterium was applied: if the whole building served as a synagogue and its additional rooms had administrative and similar functions, the building was classified as a Jewish House of Prayer. Obviously, there were sumptuous structures, while others were hardly different from average houses. Particularly modest and simple were the wooden structures in smaller Jewish establishemnets, such as Niemirów, Mielnik, Michałów, Suraż, or Narew.

To realize the extent of destruction it is enough to say that out of 160-165 synagogues in the Białystok region only 12 to 14 survived. Even the number of surviving synagogues is not fixed as some of them undergo gradual decay.

Against this dramatic loss it seems more than necessary to save from oblivion these synagogues — the grand and beautiful as well as the small and simple — so that they will remain in the historical memory of the present population of this region as well as its Jewish survivors and their descendants elswhere in the world.

Till September 1939 the synagogues were permanent elements in the architecture of large cities as well as towns, villages and small settlements in the Białystok Voivodship.

The wooden synagogues of the Białystok region destroyed during World War II should be considered separately. M.K. Piechotkowie wrote about them: „This group made up the most unified system among the preserved wooden synagogues..." („Bożnice Drewniane 1957); elswhere they claimed: „Sophisticated space structuring of these synagogues and the high level of architectural design allows us to consider their creators to be masters of their times..." (Kalendarz Żydowski 5746).

Wooden synagogues appeared in two periods. They first came some time between the middle and the end of the 18th century. Then the most magnificent chapels of the Orthodox Jews appeared. Another period of new construction occurred in the second half of the 19th century when Jewish communities were most numerous (not necessarily affluent) and the large numbers of the faithful required building larger structures.

Apart from several interesting brick synagogues such as those in Tykocin, Białystok, Siemiatycze or Krynki, the Jewish religious architecture of the Białystok region was typically wooden architecture. These wooden synagogues, in the Grodno-Białystok region as well as elswhere in former Poland, represented local architecture and in many respects resembled Polish manors, houses of rich peasants, wash-houses, wooden churches or inns. These similarities are particularly striking in rural or small town Jewish communities. Even such architectural elements as high two and three story roofs, side halls, numerous attics and annexes go back to the defensive character of manors and palaces. A wooden synagogue was created as a result of its builders' experiences in Catholic and Orthodox churches as well as town halls, manors and inns. Wooden synagogues were embodiments of achievement and experience; they expressed the artistic and cultural desires of two communities living next to each other. They appeared as an attempt to shape local architectural style assimilating Christian experiences while retaining their own distinctness and originality. It is difficult to categorize wooden synagogues to a specific style in architecture. They do not fit into either the Renaissance or Baroque, although the interiors in many details resembled Renaissance or even Roococo styles.

In most cases we know nothing about those architects and builders who worked without handbooks, using oral instructions only. Certainly, they were usually Jewish. From the remaining written sources we have learned only about several builders of synagogues, both wooden and brick. The name of Mejer Zysman, the creator of the wooden altar in the main synagogue in Gródek, is recorded. He was a great and widely respected artist. He created similar altars for the wooden synagogues in Łuniniec, Kożangorodek nad Łachwa in Podlasie. One of the most magnificent wooden synagogues in Wołpa (in the Białystok—Grodno group, presently Soviet Byelorussia) was decorated with painting of biblical animals by

217

Chaim Mejerowicz (1781). Among architects Szlome Rabinowicz ought to be remembered as the author of a completed project of the brick Great Synagogue in Białystok, which was built in the years 1909-1913, replacing the old one on Bóżnicza-Szkolna Street. K. Huber designed a never completed project of a wooden syngogue in Bielsk Podlaski, while government architect Romanow presented a design to rebuild the wooden synagogue in Gródek from 1893. We also know about Abram Jęczmień who in 1927 started to reconstruct the synagogue „Naje Beth Midrasz" in Brańsk. The reconstruction was completed in 1931 by carpenter Jankiel Man. In turn the candlebrum in the Białystok synagogue „Cytron Beath Midrasz" was designed and completed by the architect engineer Biskupicki and engineer electrician Jakub Fiszer (around 1936).

Various specialists took part in building wooden synagogues: some of them were only involved in the exterior construction, others built Aron Ha Kodesz and bihma, while still others covered the ceilings with paint and biblical scenes. The creators of the Białystok-Grodno group of synagogues confirm the assumption about their technical skills and mastery of craft, for they were able to build complicated roofs that required a proficiency in engineering skills. These often fantastic structures, particularly the roofs and ceiling, are evidence that the administrators of these small and often poor communities desired to heighten the importance of their towns and villages. The proof of significance and achievement was to be a sumptuous wooden synagogue.

One more issue should be mentioned concerning the wooden synagogues. Namely, Jews living in Poland before the Partitions, thanks to advantagous conditions of settlement, were able to design their own, unusual and uncomparable system of building wooden synagogues; a system that never came into existence in Western or Central Europe. Wooden synagogues built in Poland referred to local colouring of wooden sacral and secular architecture, thus creating their own specific and distinct style. This happened due to peaceful „coexistence" of Polish crafts in masonry and carpentry, and the Jewish program of space and liturgy. The strong resemblance between wooden synagogue architecture and local buildings, both sacral and secular, can be traced through the analysis of illustrations in the book „Materiały do Architektury Polskiej, Wieś i miasteczko" (Materials on Polish Architecture; Villages nad Towns), Volume I, published in 1916 in Warsaw by the Society for Conservation of Monuments of the Past. In these illustrations, we frequently can see —

next to the wooden synagogues — inns, manors and small churches similar in construction and composition.

This book is a result of the author's 10 years of research and is intended as the first volume of the book he is currently working on („The Synagogues of Białystok").

Iconographic and archival materials were acquired from numerous sources in Poland and elswhere (USSR, Israel, USA). Through numerous contacts the author acquired rare photographs and information. Some synagogues are reconstructions based on oral information from former inhabitants of particular locations. Thanks to the help of many Jews of the Białystok region, the author was able to break the language barrier of Hebrew and Yiddish and obtain the information in numerous books of memory (Yizkor Bukh) published in Israel and USA.

The author of all the drawings could not possibly be left out. Jarosław Wojtach, throughout the many years of cooperation, showed a good deal of patience and understanding for our needs. During that time he set out on a systematic study of the history of Jewish architecture and became an expert in the field. This completed manuscript would never have been possible without Mr Wojtach, who is co-author of the book.

Helpful suggestions came from several people who should be acknowledged: Prof. Adam Dobroński (Białystok Branch of Warsaw University), Dr Anatol Leszczyński (Jewish Historical Institute in Warsaw), Mr Jan Jagielski (Social Committee for Conservation of Jewish Cemetaries and Monuments) and Mr Antoni Oleksicki (Regional Conservator of Monuments in Białystok). Special thanks are also due to Mr Mosze Verbin (the constructor of wooden models of old synagogues) from Israel and Prof. Dawid Dawidowicz, an expert in the field of synagogue architecture (also from Israel), for their kind assistance in the preparation of this book.

(English texts throughout the book by Lucyna Aleksandrowicz-Pędich)